WHITE EAGLE

Lesebuch

Knaur

Dieses Buch wurde auf chlor- und säurefreiem Papier gedruckt.

Lizenzausgabe September 1994
Droemersche Verlagsanstalt Th. Knaur Nachf., München
Der vorliegenden Auswahl liegen Textpassagen aus
verschiedenen Werken von White Eagle zugrunde,
siehe Quellenverzeichnis Seite 254

Umschlaggestaltung Graupner & Partner, München
Umschlagabbildung AKG, Berlin
Illustrationen Peter F. Strauss
Satz DTP ba · br
Druck Himmer, Augsburg
Bindung AIB, Augsburg
Printed in Germany
ISBN 3-426-86072-4

2 4 5 3 1

INHALT

Einleitung 9

I.
Auf dem geistigen Pfad:
ein Wegweiser für Anfänger

Ein einfaches Beginnen 15
Geistige Entfaltung 15
Der Verstand im Herzen 36

Heile dich selbst 57
Erkenne das Geistige in dir 57
Schöpferisches Denken 64
Das höhere Selbst 76

Ein Heiler sein 89
Geistiges Heilen 89

II.
Die vielen Ebenen des Seins

Verbindung mit anderen Seinsebenen . . 107

Alles, was rein und gut ist, kommt von Gott, ist Wirklichkeit 107
Klar sehen, klar erkennen 117

Engel 127
Die Bruderschaft von Menschen und Engeln 127
Die Engel-Hierarchien 137
In Harmonie mit allem Leben 146

III.
Das spirituelle Leben

Die geistige Bruderschaft kümmert sich um dich 161
Ihr seid in Gott und Gott ist vollkommen 161

Das Licht 177
Lebenspendende Sonne 177
Licht ist Leben 187

Den Tod gibt es nicht 200
Die Toten leben 200
Wahrer geistiger Kontakt 206

Die Meisterseele 219
... ist stark im Helfen 219
... spricht und handelt weise 226
... ist ein Hort von Kraft und Licht . 231

... verzeiht alles 238
... ist geduldig und vertraut Gottes weisem Plan 246

Quellenverzeichnis 254
Adressen 255

EINLEITUNG

Jenes Wesen, das als White Eagle bekannt ist, darf in erster Linie als ein geistiger Lehrer angesehen werden, dessen Botschaft durch die Vermittlung des englischen Mediums Grace Cooke im Laufe von etwa fünfzig Jahren an die Öffentlichkeit gelangte.

White Eagle tat sich Grace Cooke schon während ihrer Kindheit kund. Nachdem sie erwachsen geworden war, entstand ein festes Band und eine enge Zusammenarbeit, die es ermöglichte, Verbindung mit den höheren geistigen Ebenen aufzunehmen.

Diese Botschaften wurden in den späten zwanziger und frühen dreißiger Jahren in Trance in verschiedenen spiritualistischen Kirchen durchgegeben. Damals war White Eagle einer von mehreren geistigen Lehrern, die sich bemühten, das menschliche Bewußtsein von der materialistischen auf eine höhere Ebene zu führen.

Im Jahre 1936 wurde von White Eagle der

Anstoß zur Gründung der White Eagle Lodge gegeben. Sie wurde zu seinem »Heim«, zu einem Ort, wohin die Menschen gehen konnten, um seine Worte zu hören.

Nahezu alle Vorträge White Eagles wurden entweder bei Sonntagsgottesdiensten in seiner Lodge oder in kleineren Gruppen von Interessenten durchgegeben. Im Lauf der Jahre wurde White Eagles Lehre zusammengefaßt und in Buchform herausgegeben, manchmal auszugsweise oder auch als vollständige Vorträge.

Das populärste Buch White Eagles, »In der Stille liegt die Kraft«, besteht aus einer Zusammenfassung von Aussagen, welche die Attribute eines Meisters charakterisieren. Unter einem Meister versteht man eine Seele, die während vieler Inkarnationen Meisterschaft über ihr Wesen erlangt hat, letztendlich auch die Meisterschaft über die Materie.

Der vorliegende Band beinhaltet längere Passagen aus der White-Eagle-Lehre. Er bietet jenen Hilfe, die sich selbst beziehungsweise den Sinn des irdischen Lebens besser verstehen möchten. White Eagle sagt, der beste Weg, einem anderen zu helfen, sei ganz einfach, ihn zu lieben; denn das heißt auch, ihn zu verstehen. Daher sind die Auszüge in diesem Buch auch ausgewählt, um uns in unserer Aufgabe des

Verständnisses für unsere Mitmenschen zu unterstützen.

Die ersten Kapitel dieses Buches vermitteln die White-Eagle-Lehre über den Seelenpfad des einzelnen, der letztlich zur Meisterschaft führt. Der folgende Teil gibt ein wenig mehr Information über das Umfeld, über die vielen Lebensebenen und über die Realität der Welt jenseits des Todes. Der dritte Teil enthält vier Kapitel aus »In der Stille liegt die Kraft« und ist gedacht als liebevolle Hilfe für alle, die den Pfad geistiger Entfaltung gehen.

Wer ist White Eagle? Diese Frage ist schwierig zu beantworten. Bezeichnenderweise schätzt es White Eagle nicht, die Wahrheit an starre Definitionen zu binden. Er sagt von sich selbst, er sei lediglich ein Vermittler einer liebenden Bruderschaft von Seelen in der geistigen Welt, welche Christus dienen und das Schicksal der Menschheit begleiten.

Er erzählte von seiner Inkarnation als Indianer und betont oft die Einfachheit jener indianischen Mentalität, in der die beiden Ebenen des Lebens, die geistige und die materielle Ebene, selten so streng voneinander getrennt wurden, wie das heutzutage der Fall ist. Die Natur, die Pflanzen- und Tierwelt wurden genauso geachtet wie die Welt des Menschen. Aber seine

Lehren enthalten auch Erinnerungen an andere Leben: in Südamerika, im alten Ägypten und im Fernen Osten. Sein Symbol, der weiße Adler, gilt in den Legenden der Indianer als der Vogel, der direkt in die Sonne fliegt. Zudem ist der weiße Adler auch das Symbol von Johannes, dem Lieblingsjünger Jesu, zu dem eine besondere Affinität besteht.

Oft wird die Frage gestellt, ob White Eagle ein Meister ist. Er selbst würde dies sicher nie von sich behaupten. Der Qualität seiner Lehre – er würde sie nie als seine eigene bezeichnen – sei es überlassen, für sich selbst zu sprechen. Vielmehr hofft White Eagle, jeder würde durch das Studium seiner Lehre die Wahrheit in sich selbst entdecken. Diese Idee ist ein wesentlicher Bestandteil seiner Aussagen. Die Wahrheit, sagt White Eagle, findet man nicht in Büchern, sondern im Herzen. Seine Belehrungen wären von geringem Wert, wenn sie nicht das Bewußtsein des Lesers vom überaktiven Intellekt weg in einen ruhigeren Zustand bringen würden, wie ihn jeder in der Meditation erreichen kann.

Mögen alle, die diese Worte lesen, ihre eigene, ganz persönliche Wahrheit finden und in ihrem Bemühen durch White Eagle unterstützt werden.

Colum Hayward

I.
Auf dem geistigen Pfad: ein Wegweiser für Anfänger

Geistige Entfaltung

Wir öffnen unsere Herzen der Liebe und stellen uns ganz auf Gott ein. Wir wissen, der Weg zur geistigen Entfaltung ist die Liebe. Deshalb beten wir zu Gott, der uns sowohl Vater wie Mutter ist, daß wir ganz von Liebe erfüllt werden. Während wir uns mehr und mehr in der Liebe entfalten, werden wir weiser und stärker in der Kraft Gottes. Möge die heilige Dreiheit Liebe – Weisheit – Kraft in unseren Herzen und in unserem Leben Wirklichkeit werden.

Der eigentliche Sinn des menschlichen Lebens ist, die Wahrheit zu finden; Wahrheit, die sich durch unser eigenes inneres Selbst enthüllen wird. Während wir nach der Wahrheit suchen, die tief in uns verborgen liegt, schwinden die Schranken, die unser niederes Selbst errichtet hat, und wir werden frei – frei, um mit unseren Lieben im Jenseits in Kontakt zu gelangen, frei, um mit den kosmischen Strahlen der Lebenskraft und Heilung in Berührung zu kommen und diese im Dienst an unseren Mitmenschen einzusetzen, und frei, uns mit jenen Wesen, die der Menschheit dienen, zu verbinden.

Der Pfad, der sich den Berghang zu den geistigen Gipfeln emporwindet, ist lang und steil, und bis der Mensch einen Schimmer der Herrlichkeit erhascht, die ihn einmal erwartet, bleibt er den materiellen Ebenen verhaftet. Er erleidet Schmerz, Krankheit, Einsamkeit, Beschränkung; er bleibt gefangen in Furcht, Groll, Angst, und er ist heimgesucht von Gewalttätigkeiten und Kriegen. Doch keiner braucht auf den Tod des Körpers zu warten, um Glückseligkeit zu empfinden und sein wirkliches Wesen zu erkennen. Wenn der Mensch nicht lernt, nach dem Geistigen zu forschen, während er noch auf der Erde lebt, wird er keine vollkommene Freiheit und Freude nach dem Ableben seines physischen Leibes finden können.

Eine wunderbare Zukunft erwartet jede Seele. Die Erforschung des Geistigen bringt harte Arbeit mit sich, doch kann harte Arbeit sehr interessant sein. Wenn du Musik liebst und dich durch Musik ausdrücken möchtest, wird es dir eine Freude sein, ein Instrument zu spielen. Wenn du an etwas Wertvollem interessiert bist, nimmst du jede Mühe auf dich und errechnest nicht, was dich das Erreichen deines Zieles kostet. So sollte es auch mit der Arbeit sein, die du für deine Seele tust.

Um an sich zu arbeiten, braucht es nicht unbedingt lange Meditationen. Der Weg der Meditation ist nicht unbedingt *dein* Weg. Hast du dich jedoch einmal für einen bestimmten Weg entschieden, folge ihm unentwegt. Renne nicht wie ein Eichhörnchen hierhin und dorthin, in der Annahme, daß ein anderer einen besseren Weg gefunden habe, den auszuprobieren sich lohne. Wie Kinder, wenn sie Blumen pflücken und von einem Fleck zum anderen rennen, um zu sehen, ob nicht ein anderes Kind noch schönere Blumen finde, so eilen die »Kinder der Erde« hierhin und dorthin auf der Suche nach geistigen Wahrheiten.

Die Zeit wird kommen, wo deine innere Stimme zu dir spricht: »Dies ist mein Weg, hier werde ich Frieden finden, diesem Weg werde ich folgen, komme, was mag.« Nachdem du deine Entscheidung getroffen hast, solltest du dabei bleiben. Du wirst dies nicht immer leicht finden, aber wenn du ausharrst und geduldig bist und vor allem niemals Glauben und Vertrauen verlierst, wird dein Weg dich unfehlbar zum Ziel führen.

Während du dem geistigen Pfad folgst, mußt du lernen, zwischen den Regungen des niederen weltlichen und des höheren göttlichen Selbst zu unterscheiden, zwischen dem Wirklichen und dem, was unwirklich und vergänglich ist. Das niedere Selbst wohnt in uns allen und verleitet uns dazu, die Realität der geistigen Wahrheiten zu bezweifeln. Während du dich im Geistigen vervollkommnest, wirst du immer wieder von Zweifeln heimgesucht. Diese Zweifel geben sich als Vernunft aus, eine Vernunft, die angeblich gewissenhaft und ehrlich die einfache Wahrheit einer Täuschung vorzieht. Dieser zweifelnde weltliche Verstand wird versuchen, gegen dich zu argumentieren und dir vor Augen zu führen, daß das, was deine geistige Vision dir enthüllt, nicht nachgewiesen werden kann und nur deiner Einbildungs- oder Vorstellungskraft entspringt.

Dieser weltliche Verstand hat seine Berechtigung und kann dich innerhalb gewisser Grenzen führen, dann, wenn er gelernt hat, sich dem *göttlichen* Verstand zu fügen. Eine Wahrheit, die der weltliche Verstand als völligen Unsinn ablehnt, kann vom höheren Verstand erkannt und angenommen werden. Für das höhere

Empfinden der Seele (des Menschen Intelligenz im Unterschied zu seinem intellektuellen Verstand) kann diese Wahrheit wie ein seltener Edelstein sein. So müssen wir unterscheiden lernen; und wenn wir dem Kaiser das Weltliche gegeben haben, welches notwendigerweise dem Kaiser gehört, dann suchen wir nach der Perle der Wahrheit.

Die Wissenden und die Unwissenden

Ein weiser Lehrer hat gesagt, daß nur zwei Arten von Menschen auf der Welt sind: die Wissenden und solche, die nicht wissen. Menschen, die sich Gottes Gegenwart überall und zu jeder Zeit bewußt sind als einer ständigen Tröstung und Inspiration, die wissen, daß sie Führung und Erleuchtung von den höheren Welten der Weisheit und Schönheit erhalten können, und solche, die nichts über diese Dinge wissen, sie ablehnen und verspotten, und daher leben, als wären sie in einem dunklen Raum gefangen. Jene unter euch, die wissen oder wenigstens beginnen zu wissen, haben ihr geistiges Wachsein durch geduldiges Mühen, durch mancherlei Erfahrungen und Leiden erworben. Ihr müßt aber immer wachsam sein und an euch arbeiten, um diese Erkenntnisse nicht zu verlieren, denn obwohl die Sehnsucht nach dem Licht des Geistes in euch wächst, will das Erdenselbst euch dazu bringen, zu zweifeln, zu verurteilen und sogar das wachsende Licht in eurem Herzen zu vernichten. Der Mensch muß hart und lange kämpfen, bis das Licht in ihm so machtvoll und stark wird, daß Zweifel ihn nicht mehr bedrängen können.

Die Zweifel und Fragen, die euch befallen, sind wie die Stimme der Schlange im Garten Eden, die Adam und Eva verführte, die Früchte des Irdischen zu essen und ihren Gott zu ignorieren.

Bemühen wir uns nicht alle, die Stimme des Geistes zu hören, auch wenn wir ständig vom Lärm der äußeren Welt bedrängt werden? Laßt euch nicht verwirren, wenn die Leute behaupten, es gäbe keine jenseitige Welt, keine Möglichkeit, Kranke mit geistigen Mitteln zu heilen. Die so sprechen, leben im dunkeln und können es nicht wissen. Wie in der Bibel geschrieben steht: »Die Toten wissen nichts.« Sendet ihnen das Licht der Liebe und seid euch bewußt, daß auch sie einst wissen werden. Zwingt andern nicht eure Meinung auf. Argumente führen selten zum Ziel und überzeugen kaum. Jene Leute meinen es gut, aber auf dem Weg, den ihr gewählt habt, müßt ihr der Stimme des Geistes treu bleiben.

Die Entfaltung des Geistes sollte niemals aus eigennützigen Motiven, aus Liebe zur Sensation oder aus Neugierde angestrebt werden, sondern nur, weil wir erkannt haben, daß dadurch unser Körper gesund und unser Geist strahlend werden kann und wir deshalb besser fähig werden, unsern Mitmenschen und allen Geschöpfen zu helfen. Der wesentliche Beweggrund zu geistiger Entfaltung irgendwelcher Art sollte *selbstlos* sein. Es wird Geduld gefordert und völlige Hingabe und die Erkenntnis, daß ihr nicht berufen seid, eure Arbeit in der Öffentlichkeit zu tun, um andere zu beeindrucken oder um Anerkennung oder Belohnung zu erhalten. Die meisten von euch werden in *der Stille* arbeiten. Auch ein Leben, das an Hausarbeit gebunden ist, kann sehr schöpferisch sein. Jeder Mensch befindet sich auf jenem Posten, wo er am nützlichsten ist und die Möglichkeit hat, sein Bestes zu tun. Der unbekannte Mann oder die unbekannte Frau kann unter Umständen mehr zur Förderung der menschlichen Rasse beitragen als einer, dessen Name in aller Munde ist. Der wesentliche Sinn der geistigen Entfaltung liegt darin, ein Lichtzentrum zu werden, aus dem die Liebe Gottes ausstrahlen kann. Dann wird sich der Mensch nicht länger nach all jenen »großen« Dingen sehnen, die sein Ego vollbringen möchte; vielmehr wird er wünschen, daß durch ihn größere Liebe in alle Lebensbereiche ausstrahlen möge.

Eine gesunde Seele in einem gesunden Körper

Das Wesentliche in der geistigen Entfaltung und in der Vorbereitung für Heiler, für solche, die ein Kanal für das Licht sein wollen, ist eine gesunde Seele in einem gesunden Körper. Alle Gewohnheiten, die den Körper erschöpfen, die Krankheit in Gemüt und Seele verursachen, sind schädlich und sollten unterlassen bleiben. Korrekte geistige Entwicklung wird den Körper gesund machen, und ein gesundes Gemüt, eine gesunde Seele wiederum hilft der Entfaltung von geistigen Qualitäten und Fähigkeiten.

Denkt daran, daß wir beides sind: Sender und Empfänger. So, wie wir fähig sind, auf Beeinflussung und Eindrücke der unsichtbaren Welten anzusprechen, so reagieren wir auch auf weltliche Einflüsse, auf die Schwingungen, die durch die Gedanken und das Leben anderer ausgestrahlt werden. Oft erlauben wir uns, von Furcht, Ärger, Haß und allen Arten von Gemütsbewegungen wie auch von körperlichen

Krankheiten überschattet oder besessen zu werden. Wir verstehen oft nicht, warum wir uns so fühlen, und obgleich wir uns sehr bemühen, können wir unseren unbekannten Gegner nicht überwinden. Wir sind dann wahrhaftig in einem Zustand des Un-Wohlseins.

Sprechen wir allzu offen? Ihr sucht doch geistige Entfaltung, ihr wünscht eure geistigen Fähigkeiten zu entwickeln – also müßt ihr lernen, euer »Instrument« zu gebrauchen. Bevor ihr ein Musikinstrument spielen könnt, müßt ihr die entsprechende Technik beherrschen, ihr müßt lernen, mit der Sprache umzugehen, wenn ihr eure Feder gebrauchen wollt, und gute Kenntnisse von Formen und Farben haben, wenn ihr vorhabt, Bilder zu malen. So müßt ihr auch gewillt sein, den Preis für eure geistige Entwicklung zu bezahlen, und euch einer Schulung unterziehen, einem Training, das diese Entwicklung von euch fordert. Diese Schulung benötigt eine ständige Reinigung eurer geistigen Einstellung, bis sie, zumindest bis zu einem gewissen Grade, Gesundheit, Ganzheit und Heiligkeit offenbart. Meine Freunde, wie könnt ihr erwarten, einen gesunden Körper zu haben, wenn eure Seele krank ist? Ihr werdet antworten, daß ihr eine Menge gesunder Leute kennt, deren Seele jedoch weit davon entfernt scheint, gesund zu sein. Aber das ist nur eine Frage der Zeit. Ihre körperliche Gesundheit wird nicht lange währen, wenn der Seele Ruhe und Harmonie fehlen.

Deshalb denkt immer positiv, aufbauend, schöpferisch und optimistisch. Wir sprechen nicht von einem sinnlosen Optimismus, sondern von Zuversicht, wissend, daß hinter aller scheinbaren Verwirrung des Erdenlebens die göttliche Absicht darauf hinarbeitet, geistige Qualitäten im Menschen zu entwickeln. Wäret ihr geschult, eure Gedanken gesund zu erhalten, könntet ihr niemals in einen Strudel von Depressionen und Angst absinken. Ihr würdet im Denken positiv sein und wissen, daß letztlich alles zur Vollkommenheit führt. Was auch immer geschieht oder auf euch zukommt, hinter allem steht Gottes Güte.

Oft seid ihr verwirrt und beunruhigt, weil so vieles eure Aufmerksamkeit erheischt, und mit dem Kopf arbeitet ihr zu intensiv. Ihr tut eine Arbeit hundertmal in Gedanken, wenn ihr sie eigentlich nur einmal zu tun brauchtet. Ihr sagt immer wieder zu euch selbst: »Ich sollte dies und jenes tun«, aber »dies und jenes« wird nicht getan. Lernt, die Arbeit dann zu tun, wenn sie auf euch zukommt, und erledigt sie in aller Ruhe. Begreift, wie wichtig es ist, das, was auf euch zukommt, anzunehmen und zu bejahen und es wenn möglich sofort zu erledigen.

Kann es nicht sofort erledigt werden, ist es besser, ein Problem ganz aus dem Gedächtnis auszuschalten, bis der richtige Moment kommt, sich damit zu befassen. Gebt die Gewohnheit auf, euch wegen Kleinigkeiten fortwährend zu sorgen. Bei den meisten Leuten ist der Kopf wie ein unordentlicher Lumpensack. Es ist nicht leicht, durch die Anhäufung eines solchen Krimskrams Eindrücke aus den höheren Welten zu empfangen. Wenn der Kopf vollgestopft ist, können die Strahlen des geistigen Lichtes nicht eindringen und werden so lange abgewiesen, bis endlich in einigen stillen Augenblicken das Eindringen möglich wird. Ist der Kopf mit Gedanken überfüllt, wie kann der Mensch Eindrücke aus den höheren Welten erhalten oder des Engels an seiner Seite gewahr werden? Sei Meister über dich selbst, über deine Gedanken; das ist es, wonach wir alle streben: Meisterschaft.

Ein Meister ist niemals beunruhigt oder in Eile. Wir finden keine Unordnung in seiner Umgebung. Einmal Meister über sich selbst geworden, hat er natürlich auch Einfluß auf die physische Welt, und so leidet er niemals an einer Krankheit, hat keine Kopfschmerzen, keine Erkältung. Ihr meint, wir sollten nicht erwarten, daß einer von euch diesen Zustand erreichen könnte. Nein, meine Freunde, niemand von euch ist ein Meister, aber das ist das Ideal, nach dem ihr strebt. Vor langer Zeit, als Menschen im Kloster ihr Leben Gott weihten, galt es als Sünde, krank zu werden. In einem früheren Leben, an das wir uns noch gut erinnern können, kannten unsere Brüder, die Häuptlinge der Indianer, keine Krankheiten und verließen ihre physischen Körper nicht eines Leidens wegen, sondern nur dann, wenn ihre Inkarnation zu Ende und ihre Zeit für eine Periode der Ruhe und Vertiefung in der geistigen Welt gekommen war. Dann entfernte sich der Geist vom Körper, um in einer höheren Welt Erfrischung zu erhalten. Wie die uralte Mysterienlehre sagt: Wir gehen nach der irdischen Arbeit zur Erholung in den Himmel, und nach der Erholung kehren wir wieder zurück zur Arbeit auf die Erde. Seht einer Zeit entgegen, in der ihr ganz gesund werdet! Es ist eures Vaters Wunsch, daß es so sei, und es gibt keinen Grund, warum dies während eures jetzigen Lebens nicht erreicht werden könnte.

Wenn Menschen bei uns Führung, Rat und Hilfe suchen, können wir nicht immer die Grundsätze erläutern, die des Menschen Gesundheit und Wohlsein bestimmen. Deshalb versuchen wir hier nur einige Gedanken anzudeuten, von denen wir das Gefühl haben, die Ratsuchenden könnten darauf ansprechen. Es wäre nicht weise, unseren Bruder mit Wahrheiten vor den Kopf zu stoßen und ihm damit einen Schock zu versetzen, von dem er sich vielleicht lange Zeit nicht erholen könnte. So sprechen wir gewöhnlich liebevoll mit ihm und geben ihm jene Nahrung des Geistes, von der wir denken, daß er sie zu diesem Zeitpunkt verdauen kann. Dann beobachten wir ihn, und wenn der Bruder beweist, daß er es ernst meint und bemüht ist, einfache Regeln einzuhalten, wird ihm nach und nach mehr enthüllt. Es gibt schonende Wege, andern zu helfen. Die Wahrheit, die für den einen richtig ist, ist nicht passend für alle. Doch bestehen gewisse Grundregeln für körperliches Wohlbefinden und geistige Schulung.

Eine der Regeln betrifft eure Ernährung. Ihr wißt, der Mensch besitzt außer seinem physischen Körper noch andere, feinere Körper, und seine Nahrung liefert Aufbaustoffe sowohl für den physischen Körper als auch für den Ätherleib. Wenn er grobe Nahrung zu sich nimmt, regt er die gröberen Schwingungen an, doch wenn er dazu neigt, nur sonnengereifte Nahrung wie reifes Korn, Früchte, Nüsse und Gemüse zu essen, wird er die höheren Aspekte seines Wesens ernähren und der geistigen Entfaltung helfen. Durch das Essen von derber Nahrung wird seine Schulung härter und länger – das ist der Unterschied.

Von der Geburt bis zum Tod wird der Körper mit giftigen Rückständen angefüllt. Die Nahrungsmittel, die die Zivilisation produziert, verursachen im Körper einen hemmenden, verstopfenden Zustand. Das Wasser, das ihr trinkt, hat oft dieselbe Wirkung. Solche Nahrung verdickt den Blutstrom und verursacht in der Mitte des Lebens und im Alter Trägheit. Wenn ihr den geistigen Pfad gehen wollt, solltet ihr die physischen »Atome« reinigen, und wenn ihr ein reiner Kanal sein wollt, müßt ihr reine Nahrung zu euch nehmen.

Es ist besser, kein Fleisch zu essen, weil die Tiere oft im Zustand der Angst getötet werden, und das Blut, das rote Fleisch, überträgt die Furcht und die groben Schwingungen. Ihr würdet sehr entsetzt sein, wenn jemand euch vorschlüge, eure Mitmenschen zu verspeisen. Ihr würdet denken, es sei abscheulich, so etwas zu tun. Es gab eine Zeit, in welcher dies entartete Rassen taten, doch ihr betrachtet sie als sittlich verdorben. Es wird nicht mehr sehr lange dauern, bis auch das Essen von Fleisch irgendeiner lebenden Kreatur als verwerflich angesehen wird, ganz abgesehen von der ihr zugefügten Grausamkeit. Grausamkeit ist ein sehr wichtiges Thema, und wer den geistigen Pfad geht, muß ganz frei sein von Grausamkeiten jeder Art. Es gibt noch andere Grausamkeit als die Grausamkeit gegen unsere Tierbrüder. Wir bedauern, daß die Menschheit das Ausmaß der Grausamkeit nicht bemerkt, die nicht nur den Tieren, sondern auch der eigenen Art zugefügt wird.

Und nun zu der stark umstrittenen Frage des Rauchens. Wir sagen niemals: »Tue dies oder tue jenes«, wir berichten nur, was wir wissen. Die Wahl hängt von euch ab. Es ist viel besser, nicht zu rauchen, besser für euer ganzes Wesen. Es trägt zur Selbstbeherrschung bei, wenn ihr diese Angewohnheit ablegen könnt. Rauchen verstopft und hemmt sowohl den physischen als auch den ätherischen Körper, und obwohl wir zugeben, daß es auch Raucher gibt, die den geistigen Weg gehen und dabei Fortschritte machen, so ist doch ihr Wirkungsfeld beschränkt. Rauchen ist Gift, so auch Schwarztee und Kaffee. Wenn ihr Tee haben *müßt*, so trinkt chinesischen, Kräuter- oder Matetee. Doch mögen wir keinerlei Fanatismus. Wir raten immer zum Mittelweg, zum Streben nach Unterscheidungsvermögen, Gleichgewicht, Weisheit. Je mehr geistige Wahrheiten ihr erkannt habt, um so weniger werdet ihr von fleischlichen Gelüsten beherrscht sein.

Doch ist nicht die Wahl der Nahrung das Wichtigste, sondern die Art eurer Gedanken und eure allgemeine Lebenseinstellung, denn alle eure Körper, der physische, mentale, ätherische, astrale und geistige, sind Tempel des Geistes, des Göttlichen in euch. Deshalb sollt ihr ständig versuchen, euch den göttlichen Schwingungen anzugleichen und in ihnen zu leben, immer zu Gott hinstrebend.

Haltung

Die richtige Körperhaltung ist eine große Hilfe. Wenn du übst geradezustehen, Fersen beieinander, Füße im richtigen Winkel, Gewicht auf den Ballen, dann streckt sich das Rückgrat, wird senkrecht und bewirkt den Gleichklang aller Körper. Wenn du dich in den Stuhl fallen läßt, wird das Rückgrat gekrümmt, der ganze Rücken geschwächt und die Wirbel werden zu locker als Folge der liederlichen Art zu sitzen, so daß Rückgratbeschwerden, wie oft sie auch behandelt werden, immer wieder in Erscheinung treten.

Durch ständiges Bemühen wird es dir zur Gewohnheit, gerade, aufrecht und leicht auf den Fußballen zu stehen und zu laufen. Dies verleiht dir die richtige Haltung und einen anmutigen Gang. Hast du einmal einen Indianer beobachtet, wie er läuft? Von ihm kannst du sehr viel über Haltung und Bewegung lernen.

Du wirst es mit der Zeit auch viel bequemer finden, geradezusitzen und dich auf dein Rückgrat zu verlassen, statt Halt von der Lehne des Stuhles zu erwarten. Du hast es versucht, sagst du, und findest, es sei unbequem und bereite dir Schmerzen. Das ist deshalb so, weil dein Rükken vom unrichtigen Gebrauch geschwächt ist. Gott hat deiner Wirbelsäule genügend Kraft verliehen, um deinen Rücken bequem geradezuhalten. Versuche es selbst und spüre, welch einen Unterschied es für deine geistige Haltung bedeutet, wenn du dich auch körperlich geradehältst. Diese Haltung erfüllt dich mit Licht, denn so kann das geistige Licht in den Scheitel deines Kopfes eindringen und ohne Hindernis durch das Rückgrat bis zum untersten Wirbel hindurchfließen. Deine Füße, frei und geschmeidig, wie sie sein sollten, sind in der Lage, magnetische Kräfte aus der Erde zu ziehen, denn die Füße wie auch die Hände sind wichtige empfindsame Zentren. Diese durch deine

Aura zirkulierenden magnetischen Kräfte können dir zu der von dir ersehnten Energie und Vitalität verhelfen.

Während deiner Meditationsübungen solltest du aufrecht sitzen, Kopf und Rücken geradehalten, die Hände sollten leicht zusammengelegt, der Körper entspannt, dein Gemüt gelöst und friedlich sein. So entsteht eine positive Haltung, die dich gegen negative Einflüsse schützt.

Atmung

Viele Leute sterben vor Ablauf ihrer eigentlichen Zeit, weil ihr Körper durch falsche Ernährung, das Einatmen von unreiner Luft über einen langen Zeitraum und ungenügendes Ausatmen mit Gift angefüllt ist.

Yogatraining wird oft abgelehnt. Der westliche Körper, so meint man, brauche eine besondere Form der Entwicklung, und die östliche Methode sei nicht passend für den Westen. Doch wir können dir eine Atemmethode zeigen, die dem westlichen Körper angemessen ist. Es ist kein östlicher Yoga, sondern eine Yogaatmung, die dem Schüler des Westens entspricht.

Manche werden dir raten, alle Yoga-Atemübungen zu unterlassen, doch wenn du unseren Rat befolgst, wird sich nur Gutes ergeben.

Während des Anfangsstadiums solltest du nicht zu tief atmen oder den Atem zu lange anhalten, denn dies kann Herzklopfen und Schwindelgefühl verursachen. Auch sollte kein Gefühl von Anstrengung entstehen. Jede Atemübung sollte harmonisch sein und Frieden und Wohlbefinden, nicht Unwohlsein hervorrufen. Während deiner geistigen Entwicklung suche stets Harmonie. Bahne dir deinen Weg (bildlich gesprochen) nie mit den Ellbogen, weder körperlich noch in seelischer und geistiger Hinsicht.

Nur ganz wenige atmen gänzlich aus und leeren ihre Lungen vollständig. Viel zu viele Menschen atmen nur mit den Lungenspitzen und behalten in den übrigen Teilen der Lunge Anhäufungen von verbrauchter Luft. Dies ist eine schlechte Angewohnheit, die meist während des ganzen Lebens beibehalten wird. Lerne, tief einzuatmen und vollständig auszuatmen. Dies wird jedoch ohne ständiges Üben kaum zur Gewohnheit werden. Du solltest auch lernen, langsam zu atmen, leise, harmonisch, allmählich den Atem tiefer und tiefer einzuziehen, bis du auch die untersten Teile der Lunge füllst und leerst und sich die Rippen voll ausdehnen, während du einatmest.

Wir empfehlen folgende Übung: Nachdem du die Nasenlöcher gesäubert hast, stelle dich vor ein offenes Fenster. Während du einatmest, trachte danach, an Gott zu denken, fühle, wie Gott in dich einströmt. Dann, während du ausatmest, sende deinen Segen über alles Leben aus. Durch diese Übung kann dich das geistige Sonnenlicht erfüllen und durchstrahlen, und das geistige Zentrum oder Chakra zwischen den Augenbrauen wird angeregt. Von da aus kannst du das Licht zum Herz-Zentrum leiten, um dem Samenatom (seed-atom), das seinen Sitz im menschlichen Herzen hat, geistiges Sonnenlicht zu bringen. Doch davon werden wir später noch sprechen. Mache diese Übung täglich, wenn du kannst, und solange du möchtest, doch ohne Anstrengung. Während du übst, richtig und aufrecht zu stehen, zu sitzen und zu gehen, betonst du auch die korrekte *geistige* Haltung. In der Vorstellung blickst du direkt in das Licht der *geistigen* Sonne, so daß du nichts anderes sehen kannst als den Glanz dieser Sonne – die Herrlichkeit des Christus. Du bist dir nicht mehr des gedanklichen Chaos um dich bewußt, sondern siehst nur noch das strahlende Licht Christi.

Mit aufrechtem Rückgrat und richtiger Haltung atme dieses Licht ein – atme es ein und nimm es in dich auf – dann sende es aus – verströme es an die Leidenden der Erde.

Du siehst, es ist eine ganz einfache, natürliche und friedvolle Übung, die dir Einklang und Harmonie bringt.

Wir haben euch oft geraten, viel Wasser zu gebrauchen, innerlich wie äußerlich. Ach, hätten wir doch die Macht, euch mit einem Strom kristallklaren, sonnendurchtränkten Wassers zu versorgen, das ihr täglich trinken und worin ihr täglich baden könntet! Leider ist dies nicht möglich, denn die meisten von euch leben in überfüllten Städten. Wir können uns noch gut erinnern, wie sehr wir alle über die kristallklaren Ströme in unserem eigenen Land erfreut waren, aber das ist lange her. Ein kaltes Bad in der Wanne ist ein schlechter Ersatz, und wir möchten euch raten, euch nicht auf etwas einzulassen, das euren Organismus übermäßig angreift. Strebt immer nach Harmonie und fallt nicht in Extreme. Sehr heiße Bäder sind ebenfalls ungesund. Wir schlagen vor, daß ihr die Temperatur eurer Bäder reduziert und euch hinterher kräftig bürstet oder frottiert. Genießt es, aber ermüdet euch nicht dabei.

In großen Städten müßte eigentlich gekochtes oder gefiltertes Wasser zum Trinken verwendet werden, denn das verunreinigte Stadtwasser ist nicht gut für die Gesundheit, weil es oft schädliche Ablagerungen zurückläßt.

Trinke jeden Morgen vor deinen Atemübungen ein wenig Wasser. Während du trinkst, überlege dir den Sinn deines Tuns. Denke: »*Mit diesem Schluck Wasser nehme ich göttliche Weisheit in mein Wesen auf.*« Nimm einen zweiten Schluck und denke: »*Ich nehme göttliche Liebe auf.*« Nimm einen dritten Schluck und denke: »*Ich nehme göttliche Kraft auf.*« So kannst du mit jedem Schluck, den du trinkst, ein wenig von diesen drei göttlichen Aspekten in dich aufnehmen, und während du das tust, wirst du sowohl deinen physischen wie auch die anderen, feineren Körper reinigen.

Dann atme bewußt ein und bete: »*Segne mich, Odem Gottes, damit ich Deinen Segen allen Menschen, allem Leben und aller Kreatur weitergeben kann …*«

Der Verstand im Herzen

Der Ort der Stille in deinem Herzen ist die Quelle aller Wahrheit. Der Meister belehrte dich durch den »Verstand in deinem Herzen« und nicht durch den Intellekt. Das wirst du besser verstehen, wenn du die Worte Jesu überdenkst: »Wer nicht wird wie ein kleines Kind, kann nicht in das Himmelreich gelangen.« Wie ein kleines Kind werden heißt, sein Bewußtsein vom Kopf-Zentrum ins Herz-Zentrum zu verlegen.

Normalerweise denkst du mit dem Verstand. Beim Lesen dieser Zeilen interpretiert dein Verstand den Sinn unserer Worte. Doch viele Menschen begehen den Fehler, den Intellekt als die einzig verläßliche Richtschnur der Wahrheit zu betrachten. Natürlich kann in der geistigen Höherentwicklung des Menschen der Kopf eine wichtige Rolle spielen. Doch vergiß nicht, daß es einen »Herzensverstand« gibt. Das menschliche Herz ist ein wundervolles Organ, das viel mehr Geheimnisse birgt, als die medizinische Wissenschaft bisher entdeckt hat. Es besitzt ein ätherisches Gegenstück, das beim Wachstum, Leben und Sterben des Körpers eine wichtige Rolle spielt. Es hat auch ein geistiges Gegenstück, welches wir das Herz-Zentrum oder das Herz-Chakra nennen. In diesem Herz-Chakra ruht das Juwel – das Christuslicht.

Der Mensch hat durch den Materialismus des Westens sehr viel verloren. Durch die einseitige Entwicklung seines Mentalkörpers hat er seine Seele eingebüßt. Durch seine viel zu große Verstandestätigkeit vernachlässigt er seinen Herzensverstand. Wenn Not, Schmerz und Leid sein Leben überschatten, ist der mächtige und gierige Intellekt nicht in der Lage, den seelischen Schmerz zu lindern oder den Traurigen und Vereinsamten zu trösten. Nur eines kann dem Menschen in seiner Stunde der Not helfen. Es ist das göttliche Licht, das in sein Herz scheint und eine Wahrheit bringt, die seine Augen öffnet und das Ziel seiner Reise erkennen läßt. Es bringt ihm Hoffnung, ja sogar Freude. Der Same in seinem Herzen keimt – das »Juwel in der Lotosblüte« leuchtet heller. Deshalb betonen wir immer wieder, wie äußerst wichtig das Meditieren ist, wenn man das wahre Licht entfalten will. Bücher können hilfreich sein, so auch das Studium vergleichender Religionswissenschaften, Verstandesakrobatik kann anregend sein – doch all diese Dinge vermitteln dir nicht das, was dir das *Licht* im Herzen bringen kann. Wir sind mit euch einig, daß die Entwicklung des Intellekts – wenn er durch das innere Licht inspiriert und geführt wird – zu erhöhtem Begriffsvermögen und erweiterter Intelligenz führt, doch möchten wir wiederholen, daß es für die Seele äußerst wichtig ist, den Verstand-im-Herzen zu entfalten, das innere Licht, denn dieses ist das wahre göttliche Licht – das Kind Gottes. So ist das Wort zu verstehen: »sich von einem kleinen Kind führen lassen« ... von Christus, ... dem heiligen Kind, welches im Herzen wohnt.

Überlasse nicht dem Kopfdenken die Herrschaft, sondern trachte danach, mit den ewigen Werten jenseits des Materiellen in Einklang zu kommen. Meditiere oft über Gottes herrliches Universum, so daß das Herzdenken aktiv wird. Fülle deinen Kopf nicht mit seichtem Plunder, sondern laß ihn nützlich tätig sein und laß gleichzeitig dein Herz über schöne, freudige und hilfreiche Dinge meditieren. Frage dein Herz: »Wie kann ich meinem Menschenbruder am besten dienen?« Und es gibt dir zur Antwort: »Indem du ihn zu verstehen suchst.« Der Mensch muß sich als ein Teil des großen Universums Gottes begreifen. Sein Herz-Zentrum soll erwachen, um Liebe auszustrahlen und wie ein großes Feuer in der Seele zu brennen. Er muß lernen, nicht für sich und für seinen eigenen Ruhm zu leben, sondern den Mitmenschen zu dienen, die Kranken zu heilen, die Sorgenbeladenen zu trösten und die Hungrigen zu speisen. Die Religion des Menschen sollte ihren Ausdruck im praktischen Dienen auf Erden finden.

Jeder Mensch ist ein Universum für sich, und der Mittelpunkt oder die Sonne dieses Universums ist das Herz und nicht der Kopf. Wie die

Sonne im Zentrum des Sonnensystems steht, so ist dein Herz der Mittelpunkt deines Universums. Das geistige Gegenstück der sichtbaren Sonne ist das Christuslicht; und wenn es im Herzen erwacht, beginnt das Herzdenken. Die sichtbare Sonne herrscht über den sichtbaren Himmel, und der Christus, der durch das Herz wirkt, herrscht über das Schicksal eines jeden Menschen und über das Schicksal der ganzen Menschheit. So wie der Großmeister in einer Loge regiert, so soll auch der Meister im Herzen die Loge oder den Tempel des Menschen regieren. Ist jedoch der Meister nicht stark genug, um über seine Loge zu wachen, und sollten Gegner fähig sein, den Meister zu überwältigen, so sind Chaos, Krankheit, Unglück und Dunkelheit die Folge. Das Licht schwindet und mit ihm vergehen Freude, Glück, Weisheit und Schönheit.

Der Meister, die innere Sonne, soll die Loge des Herzens regieren und zugleich auch die Glieder und Organe überwachen. Vollkommene Harmonie, vollkommene Gesundheit sind das Resultat. Ist das Herz kalt und tot, dann hat der Mensch keine Lebensfreude, keine menschliche Wärme, keine Ausstrahlung. Wie ein Mensch denkt, so wird er.

Im Herz-Zentrum des Menschen liegt das »Samenatom«, welches aufgrund vergangener Leben dort eingebettet ist. Dieses Samenatom enthält Erinnerungen an frühere Inkarnationen, an vormals begangene Fehler, an ehemalige Siege, ja sogar an charakteristische Eigentümlichkeiten, die in die betreffende Seele eingewebt wurden. Der Mensch, der sich des Lichtes oder des Christus-im-Herzen voll bewußt wird, kann Erinnerungen an jene vergangenen Leben zurückrufen. Solche Erinnerungen quellen aus dem Herzen hervor und werden dann von den Zellen des Gehirns registriert. In bezug auf das Gesetz der Reinkarnation herrscht nicht geringe Verwirrung. Viele Menschen stoßen sich an dem Gedanken, erneut in einem physischen Körper inkarnieren zu müssen. Sie wollen nicht verstehen, warum sie zu einer Rückkehr gedrängt werden, nachdem sie durch das physische Leben gewandert und in das Land des Lichtes eingegangen sind. Dieses Gesetz, so meinen sie, scheine unlogisch, entbehre jeder Grundlage und passe nicht in ihr Weltbild von einem allweisen und allgütigen Gott.

Sie denken vielleicht an den Tod eines geliebten Freundes, an seine Botschaften und Beschreibungen himmlischer Sphären (durch ein Medium), und sie fragen sich, warum er, einmal befreit, in die Sorgen des Erdenlebens zurückkehren müsse. Sie sehen darin keinen Sinn. Nachdem die Seele so viel vom himmlischen Licht aufgenommen hat, scheint es unbegreiflich, daß sie erneut in niedrigen und vielleicht unangenehmen Umweltbedingungen auf Erden wiedergeboren werden soll. Das, so meinen sie, wäre eine Mißachtung der göttlichen Ordnung von Liebe und Fortschritt.

Die Reinkarnationslehre ist ein weites Gebiet, und die vorherrschenden Meinungen über die Wiedergeburt ergeben nur ein grobes und unfertiges Bild von dem, was tatsächlich geschieht. Bis ihr das Gesetz der Reinkarnation klar und eindeutig versteht, bleiben die meisten der tieferen Probleme des Lebens im Dunkel, und es dürfte euch schwerfallen, Gerechtigkeit im Leben zu sehen, sogar wenn ihr glaubt, daß Gott gütig, allweise und alliebend ist. Leben ist Wachstum. Sinn und Zweck des Lebens auf Erden ist geistiges Wachstum, und es gibt universelle Probleme, die erst begriffen werden, wenn das Verständnis für den Verlauf der Seelenentwicklung erlangt worden ist. Der Mensch, begrenzt durch seinen irdischen Verstand, hat keine Ahnung vom wahren Zeitbegriff. Ihm kommen seine 70 Lebensjahre oder sagen wir, ein Jahrhundert als lange Zeitspanne vor, wenn dies doch in Wahrheit nur eine »Blitzsekunde« ist. Er bringt seine jetzige Inkarnation nicht in Zusammenhang mit der Gesamtheit seines Lebens und deshalb sieht er nicht, wie wenig in einem kurzen Erdenleben erreicht werden kann.

Betrachten wir einmal die ca. 70 Jahre eines Menschen von seiner Geburt bis zum Tod. Vergleicht das Leben eines ganz gewöhnlichen Menschen mit dem Leben eines großen Lehrers oder Meisters, in welchem die Göttlichkeit voll zur Auswirkung kommt. Zieht eure Schlußfolgerung aus diesem Vergleich und schaut dann tief in eure eigene Seele. Wie oft seid ihr euren eigenen Idealen untreu geworden? Ihr denkt, daß ihr ja nur Menschen seid – doch ihr seid auch göttlich –, und der Sinn des Lebens ist die vollständige Entfaltung ins göttliche Menschentum oder zum Christusmenschen. In der Tat – alle Kinder Gottes sollen sich zu ihrer höchsten Vollendung im Christuslicht entwickeln – das ist Zweck und Sinn der Schöpfung.

Manchmal fallen die Worte: »Oh, dieser oder jener ist eine *alte* Seele.« Wie aber wurde diese Seele weise, stark und strahlend? Sie wurde so durch die Disziplin, die das Erdenleben erfordert. Selbstdisziplin führt zum geistigen Wachstum, und die beste Disziplinierung, die Gott uns zugewiesen hat, liegt in der täglichen Arbeit, in der gemeinsamen Aufgabe.

Trotzdem wehrt sich eure Seele dagegen. Ihr fragt: »Hätten wir auf der astralen Ebene nicht *größere* und bessere Möglichkeiten, uns zu entwickeln?« Sicher, bis zu einem gewissen Grad. Doch seid euch bewußt, daß die Begrenzung von Zeit und Raum und die Beschränkungen des Erdenlebens auf der nächsten Daseinsebene wegfallen, so daß eine Disziplin wie auf Erden dort nicht möglich ist. Der Zweck der Wiederverkörperung ist, sich in Disziplin zu üben. Seine Sorgen mutig tragen, seinen Erfolg demütig entgegennehmen, sein Glück mit anderen teilen, all dies ist geeignet, das Leben zu disziplinieren.

Die wahre Heimat der Seele sind die himmlischen Ebenen – Sphären der Schönheit und des Glücks. Junge Seelen mit wenig Erderfahrung sind wie ungeborene Kinder, die noch im Mutterschoß ruhen. Sie müssen noch lernen, ihre Gliedmaßen zu gebrauchen, zu strampeln, zu laufen und tätig zu sein. Doch gleichzeitig dürfen wir nicht vergessen, daß diese Kinder potentielle Götter – angehende Meister – sind. Gott schuf die physischen Existenzebenen, damit das Kind dort lerne, seine Fähigkeiten zu entwickeln. Wir können uns für des Menschen Erdenleben kein besseres Symbol denken als ein Samenkorn, das in die Finsternis der Erde gesenkt wird, um zu einer wundervollen Blume heranzuwachsen. Der Archetyp einer Blume ist ursprünglich ein Gedanke Gottes, dann wird der Same in die Erde gelegt, um zu keimen und zur Vollendung heranzuwachsen. So ist es mit dir, der du wie ein Same bist – eingepflanzt in materielle Form, um zum Licht emporzuwachsen, bis du zum vollkommenen Sohn, zur vollkommenen Tochter Gottes geworden bist – zum vollkommenen Ebenbild, wie es sich Gott zu Anbeginn der Zeit vorgestellt hat.

Das höhere Selbst

Des Menschen Seele ist nicht nur das, was man als die heute lebende Persönlichkeit kennt. Sie ist zugleich etwas viel Umfassenderes, welches in der Himmelswelt weilt und die Summe aller Erfahrungen aus sämtlichen früheren Leben enthält. Die heutige Persönlichkeit ist lediglich ein kleiner Teil des höheren Selbst, welches auf einer höheren Bewußtseinsebene wohnt, doch kann diese Persönlichkeit einen stärkeren oder schwächeren Kontakt mit ihrem höheren Selbst haben und sich, so sie will, von ihm inspirieren lassen.

In den alten Mysterienschulen wurde dies den Schülern durch Bildsymbole veranschaulicht. Die Seele dachte man sich als Tempel in den Himmeln und jede einzelne Inkarnation als unbehauenen Stein, den Ashlar, der durch die Erfahrungen des Erdenlebens behauen und geformt wird, so daß er in den noch unfertigen Tempel eingefügt werden kann. Beim Bau des Tempels darf nicht gepfuscht werden. Genauigkeit und Präzision sind wichtig. Ein schlecht behauener Stein könnte das Ebenmaß des ganzen Gebäudes beeinträchtigen.

Der Mensch muß an sich selbst, an jenem unbehauenen Stein arbeiten, den die Alten den Ashlar nannten. Er muß Hammer, Meißel und Winkelmaß gebrauchen, um aus dem rohen Stein, seiner niederen Natur, einen vollkommenen, ebenmäßigen Quader zu gestalten, der in den Tempel eingepaßt werden kann. Wenn der Mensch einmal begreift, daß er während seines Lebens an sich arbeiten muß und daß kein Tag vergeht, ohne daß sich in seiner Wesensart eine wenn auch noch so geringe Spur eingräbt, dann wird er lernen, seine Gemütsbewegungen und sein Denken unter Kontrolle zu halten und diese zu meistern.

So besitzt denn der Mensch eine Seele in der himmlischen Welt, die den Geist Gottes, ja die wahre Essenz des Höchsten enthält und den Verlauf seines Lebens steuert. Deshalb sagen wir: »Gott lenkt die Schritte auf dem Pfad des Lebens.« Dieses Streben, das den Menschen zum Höchsten drängt – manchmal gegen seinen Eigenwillen, gegen den Willen des niederen Selbst –, ist seine innewohnende Göttlichkeit. Dieser göttliche Funke ist es, der das Leben der Seele lenkt und durch viele Erdenerfahrungen führt. Jedesmal steigt ein Teil der Seele in die Inkarnation hinab und sammelt dort gewisse Erfahrungen, die für das Wachstum und die Entfaltung des höheren Selbst notwendig sind. Somit leistet ihr je nach Anstrengung und Entwicklung einen kleineren oder größeren Beitrag zum Wachstum und zur Entfaltung des höheren Selbst. Durch euer Streben in aufeinanderfolgenden Leben erbaut ihr jenen schönen Seelentempel.

Wir möchten eure Vorstellung von der Wiedergeburt erweitern, damit ihr frei werdet von der Idee, der Mensch pendle ständig zwischen zwei Welten hin und her. Macht euch vertraut mit dem Gedanken eines steten Wachsens und einer ständigen Erweiterung des Gottesbewußtseins eures höheren Selbst. Manchmal, wenn ihr in Not und Verzweiflung seid, geschieht es, daß ihr einen Strahl von Kraft und Licht aus diesem höheren Selbst erhaltet und etwas vollenden oder erdulden könnt, das ihr zuvor für unmöglich hieltet. Oder ihr kennt vielleicht jemanden, der einen ähnlichen Strahl erhalten hat, durch welchen der Feigling zum Helden, der Selbstsüchtige zum Selbstlosen umgewandelt worden ist. Ihr habt ja keine Ahnung von den Möglichkeiten des Menschen, wenn er einmal den Kontakt mit seinem höheren Selbst oder wahren Sein herstellen und aufrechterhalten kann.

Begeht nie den Fehler, liebe Freunde, irgendwen zu richten oder über ihn zu urteilen. Schaut nie auf eine Seele mit dem Gedanken: »Arme Seele, du bist eben noch unentwickelt«, denn ihr wißt nicht, wie falsch euer Urteil sein könnte. Es mag sein, daß der Mensch, der so niedrig erscheint, in Wirklichkeit in den Himmelswelten eine Seele von großer Reinheit und Schönheit sein eigen nennt. Ihr könnt ihn nicht beurteilen.

Ihr mögt fragen, welche Beweise wir für die Wiedergeburtslehre anbieten können. Hierauf müssen wir antworten, daß geistige Dinge nur auf geistigen Wegen bewiesen werden können. Nur wenige sind es, die greifbare Beweise für die Reinkarnation wie auch für andere geistige Wahrheiten erbringen können. Zwar gibt es eine kleine Anzahl von bewiesenen Fällen, doch wahre Beweise bekommt ihr nur durch eure eigene Intuition – als Ergebnis eurer eigenen Erfahrung.

Der einzige Weg, auf welchem der Mensch Kenntnisse über göttliche Geheimnisse erlangen kann, ist der Weg der Liebe und Selbstlosigkeit. Der Verstand allein, obgleich er seinen Platz in der Menschheitsentwicklung hat, kann die volle Wahrheit nie entschleiern. Dennoch ist es notwendig, den Verstand zu entwickeln, ehe das Verständnis für das Geistige dämmern kann. Durch vieles Lesen versucht der Mensch die Wahrheit zu ergründen, doch der Kern der Wahrheit liegt im Geistigen und du kannst die Wahrheit nur für dich selbst finden, kein anderer kann sie dir geben. In deinem Ringen um ein klares Verstehen der Wiedergeburt mußt du dein wahres, inneres Selbst kennenlernen.

Wenn du mit diesem voll vertraut bist, benötigst du keine Beweise mehr, der Pfad der Höherentwicklung liegt klar vor dir.

Ihr mögt euch wundern, warum ihr keine Erinnerungen an eure Vergangenheit habt. Doch könnt ihr euch der Zeit entsinnen, da ihr zweijährig, drei- oder vierjährig waret? Wie also könnt ihr hoffen, euch an Inkarnationen zu erinnern, die Hunderte, ja Tausende von Jahren zurückliegen? Die Erinnerung daran ist nicht in eurem physischen Gehirn gespeichert und kann auch nicht im astralen oder mentalen Körper gefunden werden. Doch wenn ihr in eurem himmlischen Leib tätig werdet, von manchen auch der Kausalkörper genannt, dann erinnert ihr euch, denn ihr rührt dort an euren himmlischen Verstand oder den »Tempel«, das Archiv aller vergangenen Leben.

Wieviel Zeit vergeht zwischen den Inkarnationen? Das können wir nicht sagen, denn es gibt hierfür keine Regeln. Wir können nicht behaupten, der Mensch komme alle 200, 300 oder alle 500 Jahre zurück. Das wäre falsch. Wenn wir sagen würden, der Mensch gehe von einem Körper gleich in den nächsten, dann wäre das genauso falsch. Wenn wir behaupteten, Tausende von Jahren lägen zwischen den Inkarnationen, wäre auch das nicht die ganze Wahrheit. Alles hängt vom Einzelwesen ab. Doch es ist für eine Seele durchaus möglich, für eine bestimmte Aufgabe rasch zurückzukehren.

Ihr werdet fragen wollen: »Zu welchem Zeitpunkt zieht die inkarnierende Seele in den Körper ein? Geschieht dies vor oder während der Geburt?« Hierzu möchten wir antworten, daß die Seele allmählich in ihren Körper einzieht und normalerweise erst mit dem 21. Lebensjahr vollständig und gänzlich inkarniert ist, doch ziehen wir es vor, uns nicht an eine genaue Zeit zu binden. Der erste Kontakt einer Seele mit der Mutter wird bereits *vor* der Zeugung hergestellt.

Eine weitere Frage: »Ist es für eine Seele während irgendeiner ihrer Inkarnationen möglich, eine Rückentwicklung zu erleiden?« Hierzu möchten wir die Gegenfrage stellen: »Wenn man auf seinem Weg an etwas Schönem achtlos vorbeigegangen ist, ist es dann nicht ratsam, ein paar Schritte zurückzugehen, um es genauer anzuschauen?« Würdet ihr das als Rückschritt betrachten? Seid euch immer bewußt, wie unmöglich es für eine Seele ist, eine andere Seele zu beurteilen. Jemanden richten, heißt sich selbst richten.

Ihr könntet auch fragen: »Inkarnieren wir immer in dieselbe Familie? Und wenn ja, haben wir dann stets dieselben Eltern und dieselben Kinder?« Nein, doch Mitglieder derselben Familie zeigen die Neigung, wieder zusammenzukommen, weil die Bindungen zu Bruder oder Schwester, Vater oder Sohn, Mann oder Frau manchmal tatsächlich sehr stark sind. Ihr werdet durch karmische Bande sowohl zur Familie als auch zum Freundeskreis hingezogen und wandert deshalb den Pfad der Höherentwicklung in Familien und Gruppen. Je nach eurem Karma findet ihr Liebe und Glück oder aber Feindschaft und Zwist, und es ist eure Aufgabe, Feindschaft und Zwist in Liebe umzuwandeln.

In seiner Inkarnation beeinflußt der Mensch unweigerlich und gesetzmäßig jenen Teil der Welt, in dem er lebt. Er wird dorthin inkarniert, wo er am besten lernen und dienen kann. Er gibt dem Leben und erhält vom Leben.

Wir wollen den Widerstrebenden die Lehre der Wiedergeburt nicht aufzwingen. Trotzdem ist die Wiedergeburt, wie auch Leben und Tod, ein Gesetz, und ob daran geglaubt wird oder nicht, ist belanglos. Es ist ein wenig seltsam, daß gewisse Menschen meinen, sie könnten die Gesetze von Reinkarnation, von Ursache und Wirkung und vom Leben nach dem Tod außer Kraft setzen, indem sie nicht daran glauben.

Wir möchten aber betonen, daß der Mensch seinen freien Willen hat. Niemals wird er gezwungen, niemals genötigt oder gedrängt, und er wird auch nicht ohne seine Zustimmung mir nichts, dir nichts vom Himmel entfernt und auf die Erde zurückgeworfen. Solange eine Seele erklärt: »Ich will nicht zur Erde zurück!«, ist die Antwort: »Nun, mein Kind, dann bleibe noch ein Weilchen. Es eilt nicht.« Gott drängt niemanden. Alles ist eine Angelegenheit der individuellen Entwicklung. Habt ihr einmal Verständnis und Einsicht erlangt, dann ist euer einziger Wunsch, zur Arbeit zurückzukehren, und die einzige Frage ist: »Wann kann ich gehen?«

Wir haben bereits angedeutet, daß ihr geneigt seid zu glauben, man könnte auf der Astralebene ebensogut seine Lektionen erlernen und seine Erlösung erreichen wie auf der Erde, denn man würde ja auf der Astralebene die gleichen Bedingungen vorfinden wie auf Erden. Doch die feinstoffliche Materie der Astralebene ist sehr verschieden von der Materie der Erdensphäre. Man kann sie durch Gedankenkraft beeinflussen und formen. In der dunklen, dichten Erdmaterie wird die Seele mit schwierigen Aufgaben konfrontiert, die sie lösen muß und die sie *nur dort* lösen kann. Zweck der Schöpfung ist die geistige Höherentwicklung. Die Seele muß lernen, dichte Materie zu meistern, denn in sich birgt sie göttliche Fähigkeiten. Gott wirkt in der Materie durch seine gesamte Schöpfung. Der göttliche Funke im Innern wächst und entfaltet sich, bis er sein Werk vollendet hat. Das bedeutet vollständige Meisterschaft der Seele über sich und ihre Umweltbedingungen. Der Gedanke, vom Körper befreit zu sein, um seine Entwicklung nach dem Tode in einer Welt mit leichteren und angenehmeren Umweltbedingungen durchzustehen, ist viel attraktiver. Doch die Dinge liegen anders.

Wir wollen auch nicht versäumen hervorzuheben, daß die Freude jener Seele, die Meisterschaft über die Materie und somit über sich selbst erlangt hat, unvergleichlich groß ist. Könnten wir euch nur ein klein wenig von jener intensiven Freude vermitteln, die ein erfülltes Leben auf der Erde mit sich bringt, dann würdet ihr verstehen und euch mit jeder Seele freuen, die eine Gelegenheit erhält, in die Materie zurückzukehren, um neue Erfahrungen zu sammeln, neue Abenteuer zu bestehen.

Viele von euch sind zur Erde zurückgekehrt, weil ihr den Menschen helfen wollt, nicht notwendigerweise, um in die Kirche zu gehen und gute Werke zu tun, sondern ganz einfach, weil eure Gegenwart Freude und Trost im Leben jener bedeuten kann, die um euch sind. Vielleicht bringt ihr Freude in die Familie, in die ihr geboren seid – Freude jenen, die später eure Kinder werden, und vielleicht auch Freude und Segen euren Freunden.

Du kannst am besten dienen, nicht indem du deine Energie und Kraft zersplitterst, sondern dadurch, daß du ein wahrer Sohn, eine wahre Tochter Gottes bist und Wärme und Licht verbreitest, um jeder Blume zu helfen, in jener Ecke des Gartens zu gedeihen und zu blühen, wo ER sie eingepflanzt hat.

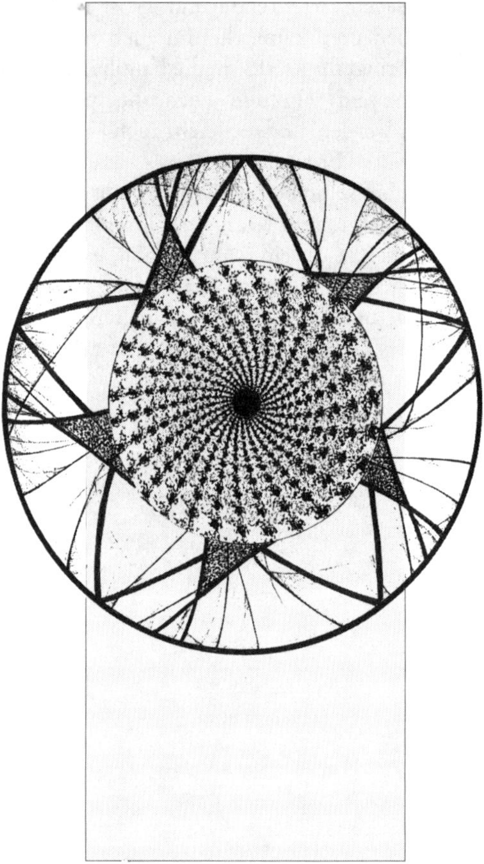

HEILE DICH SELBST

Erkenne das Geistige in dir

Wir sagen euch immer und immer wieder, daß Gott niemandem von euch Leid aufbürdet. Er lenkt vielmehr das vom Menschen selbst verursachte Leid in einer Weise, daß es Gutes und Förderndes in das Leben des einzelnen bringt. Durch wechselnde Bedingungen und Einflüsse auf der Erde und in der Atmosphäre keimt der Same des Lebens – schlägt seine Wurzeln und wächst allmählich zu einer vollkommenen Blume heran.

Die Seerose, welche ihre Knospe über die stille Wasserfläche erhebt und sich der Wärme und dem Licht der Sonne öffnet, hat ihre Wurzeln tief in den Schlammboden des Teiches gesenkt. Genauso verhält es sich mit dem Leben des Menschen. Wer zur Vollkommenheit heranwachsen will, muß zunächst seine Wurzeln und auch den Schlamm, von dem sie sich nähren, vergessen und nur an das Licht, dem er entgegenstrebt, und an die Schönheit und die Kraft Gottes denken.

Wenn du krank und müde bist, suche die Nähe des strahlenden Christus und nimm Seine Liebe, Seine Kraft und Seine Schönheit tief in deine Seele auf.

Einem jeden von euch gibt Er die Gewißheit, daß sich das Leben nach einem großen göttlichen Plan vollzieht. Es ist das Wichtigste für euch, den engen Kontakt mit Christus aufrechtzuerhalten. Wenn ihr das tut, kann nichts mehr fehlgehen, nichts mehr falsch verlaufen. Ihr braucht euch dann nicht mehr zu sorgen, ob ihr dies oder das oder jenes tun solltet. Eure Entscheidungen werden für euch getroffen werden, doch kann dies nur geschehen, wenn ihr zum Geistigen erwacht seid und euch zu einer höheren Schwingung erhoben habt, die es euch ermöglicht, euch unmittelbar der sanften Führung der allmächtigen göttlichen Gegenwart in eurem Herzen anzuvertrauen.

Der Heilige Gral ist die immerwährend brennende Flamme, die in deinem Herzen erstrahlt und deren Glanz du verbreiten kannst.

Laß diese Flamme stets in deinem Herzen scheinen. Wir sagen dir dies so oft, weil wir wissen, daß es das einzige ist, was dir in deinem

Leben helfen kann. Es gibt so viele Dinge, die deinen Geist ablenken und deine Seele beunruhigen, doch rufe dir immer wieder in Erinnerung, daß dieses Licht, diese Gegenwart Gottes, in dir ist und die Macht innehat, über all deine Gedanken und Gefühle, über deinen Körper und deine materiellen Bedingungen zu herrschen.

Wenn ihr gelernt habt, euch willentlich von den äußeren Wirren des Lebens in die Stille und den Frieden eures ewig lebendigen Geistes zurückzuziehen, werdet ihr die Kraft gewinnen, eure irdischen Schwierigkeiten zu überwinden. Ihr alle leidet unter Problemen und Ängsten, habt aber noch nicht verstanden, daß ihr sie euch selbst erschafft und ebenso auch fähig seid, sie selbst zu überwinden.

Manche unter euch beten ernsthaft um die Lösung ihrer Probleme. Ihr alle sehnt euch nach Licht und geistiger Erhebung. Doch, meine Freunde, seht ihr denn nicht, daß nur durch die Disziplinierung des äußeren Lebens eure Augen sich öffnen und euer Gespür für die himmlischen Wahrheiten gesteigert werden kann? Diese Wahrheiten könnt ihr erst erschauen und begreifen, wenn ihr euch der Schulung durch Disziplin unterzogen habt. Dankt daher Gott für alles Leid und alle Prüfungen, die zur Erlernung der Selbstdisziplin notwendig sind. Erst durch sie werdet ihr die Schönheit des himmlischen Lebens wahrhaft verstehen und in euch aufnehmen können. Wenn du dich deinen täglichen Aufgaben widmest, vergiß nicht jene ruhigen Augenblicke, in denen du in der Stille deines innersten Heiligtums eine geistige Kraft spürst, die dich behutsam wie mit Engelsflügeln berührt. Auch unter der Belastung des Alltags lausche der sanften Stimme deines Innersten. Laß die Welt mit all ihren Konflikten, ihrer Selbstsucht und Gleichgültigkeit an dir vorüberziehen und bewahre in deinem Herzen die Schönheit und Harmonie des himmlischen Lebens. Wir alle brauchen Geduld – einer mit dem anderen. Sei geduldig deinen Mitmenschen gegenüber, hege gute Gedanken für deine Umwelt. Dies ist der Weg, um sich der unsichtbaren Welten und der geistigen Ebenen des Lebens bewußt zu werden.

Du kannst nicht mehr tun, als so zu leben, wie Christus es dich lehrte: liebevoll, heiter und gelassen – in Seinem Geiste. Versuche, dir nicht mehr aufzubürden, als du zu tragen vermagst. Erziehe dich dazu, immer eines nach dem anderen zu tun, ruhig und überlegt. Was du nicht zur Vollendung bringen kannst, ruht in Gottes

Hand, und Gott wird es weiter fügen. Alles, was Er von Seinen Kindern erwartet, ist, auf die harmonischste und liebreichste Art das Beste zu geben.

Gib in aller Stille dein Bestes, und du wirst in Übereinstimmung mit dem göttlichen Gesetz arbeiten, das krumme Wege gerade werden läßt und Gesundheit und Harmonie wiederherstellt.

Wenn du gesund und glücklich sein möchtest, mußt du vor allem dem Göttlichen, dem Geistigen, Beachtung schenken. Zwar zieht dein Körper dich immer wieder herab und materielle Dinge gewinnen die Oberhand, Sorgen häufen sich an und drohen, dich zu ersticken, doch sind alle diese Dinge nur Schatten.

Die Zeit wird kommen, da du diese Wahrheit erkennen wirst, auch wenn du sie im Augenblick noch nicht begreifst. Wir sagen dir von unserer geistigen Warte aus, daß alle irdischen Dinge nur Illusion sind. Das einzig Wirkliche, das über den physischen Tod hinaus weiterlebt, ist das göttliche Gesetz in dir; denn du bist Geist, bist ein Kind Gottes. Gottes Liebe zu dir ist jenseits aller menschlichen Vorstellungen. Sie ist allumfassend und wird dich nie im Stich lassen, solange du zu ihr aufschaust. Sie wird dich durch alle Prüfungen hindurchtragen, die du zu überwinden hast.

Wir können nicht oft genug wiederholen, daß dir alle Prüfungen des irdischen Lebens gesandt werden, damit du durch eigene Erfahrung zu Weisheit und geistiger Kraft gelangst. Gott, der große Architekt des Universums, vergeudet Sein »Material« nicht. Er errichtet Seine Werke im Einklang mit den großen kosmischen Gesetzen. Er setzt den Grundstein zum Tempel des menschlichen Lebens genau, gerecht und vollkommen.

Nachdem du nun belehrt worden bist, daß du Geist bist und der Geist Meister über deinen Körper werden soll; nachdem du von uns gelernt hast, daß Gott Alliebe ist und dir, Seinem Kind, Seine Sorge angedeihen läßt, halte an dieser Wahrheit fest, damit du sowohl im irdischen als auch im geistigen Leben die Früchte einer reichen Ernte empfangen kannst. Du wirst etwas vom Glanze der Vater-Mutter-Sohn-Gottheit, der heiligen Dreiheit, in deinem irdischen Leben zum Ausdruck bringen. Gottes Gesetze sind unfehlbar. Sei nicht verzagt, wenn sich die Dinge in deinem Leben nicht augenblicklich ereignen, nicht sofort geschehen. Du darfst niemals zweifeln, denn sobald du dies tust, stärkst du die Macht der negativen Kräfte.

Wie sehr du auch geprüft wirst, verliere die Wahrheit nicht aus den Augen. Wenn dich einer deiner Mitmenschen in der äußeren Welt mißverstehen oder gar verhöhnen sollte, dann sei dir bewußt, wie unwissend die Welt in bezug auf geistige Kräfte und geistiges Leben ist. Behalte dein Wissen, deine Meinung für dich und erhalte dir deinen Glauben an den lebendigen Gott, an die lichten Lebenskräfte, die in dir wirken. Indem du festhältst an der Gewißheit des göttlichen Lichtes in dir, wird dieses heller und strahlender leuchten. Es führt dich stets auf den harmonischen Weg, den Weg, der Leib und Seele heilen kann. Mit Geduld, mein Freund, mein liebes Kind, werden dir die Früchte des vollkommenen Lebens auf Erden geschenkt werden.

Wir möchten, daß ihr die Welt und euren Leib vergessen könnt und euch als Teil Gottes begreifen lernt. Ihr seid Geist und führt ein Leben in der geistigen Welt, die der materiellen Welt übergeordnet ist. Strebt stets empor in diese geistige Welt und bringt in euer irdisches Dasein die Schönheit und die Sanftmut eurer wahren geistigen Natur, die ein Teil der göttlichen Natur ist. Der Meister Jesus sagte: »Seid vollkommen, wie euer Vater im Himmel vollkommen ist.« Das heißt: Wisset im innersten Herzen, daß ihr in Gott vollkommen seid. Jesus sprach auch: »Ich und der Vater sind EINS.« Er lehrt all seine Brüder auf Erden, diesem Weg der Wahrheit zu folgen, zu verstehen, wie sie und der Vater tatsächlich EINS sind und Gott der Schöpfer allen Lebens ist. Er möchte euch zeigen, den Geist Gottes in euch zu erkennen und euch bewußt zu werden, daß ihr in euch die Macht besitzt, ein vollkommenes Leben auf dieser Erde zu erschaffen, mit Hilfe des vollkommenen Geistes in euch, welcher EINS ist mit Gott, dem Vater.

Schöpferisches Denken

Erinnert euch an das, meine Brüder, was wir euch über die Ursache aller Krankheiten und den Quell allen Heilens gesagt haben. Denkt daran, wie euer gewohnheitsmäßiges Denken entweder aufbauend oder zerstörend sein kann. Disharmonie in eurem Denken und Leben verursacht Krankheit, Harmonie dagegen Gesundheit. Vermeidet daher allen Groll, jegliche Furcht und Kritik. Haltet euch nur an positive, gütige, gottnahe Gedanken, dann wird das Licht in euch einströmen.

Sind all die Dinge, die euch im Alltag umgeben, denn wirklich so wichtig? Die Wirren des materiellen Lebens mögen euch umtoben; doch werden sie den Tempel eures Herzens nicht erreichen und das Heiligtum in euch nicht berühren können, es sei denn, ihr selbst laßt dies zu.

Eine der Lektionen, die der Jünger auf dem Pfad der geistigen Erleuchtung zu erlernen hat, beinhaltet, daß ihm in Wirklichkeit nichts geschehen, ihn nichts verletzen kann.

Der natürliche Instinkt des Menschen verleitet ihn zwar dazu, sich zu fürchten, doch der Geist der Wahrheit muß in deinem Innersten die Erkenntnis wachrufen, daß nichts dein wahres Selbst berühren kann. Ermutige und stärke daher diesen Gedanken, bis er sich fest in dir verwurzelt hat. Nichts kann dir widerfahren, und es gibt nichts zu fürchten außer der Furcht selbst. Wenn du dein volles Vertrauen auf Gott setzt, wird das weiße kosmische Licht dein Wesen durchströmen, und alle Finsternis wird von dir weichen.

Lebe still, ruhig und gelassen in Gottes Liebe. Jedes Leben in Gott wird gekrönt durch die Liebe. Und Liebe bedeutet: vollkommenes Glück und vollkommene Freude.

Wenn ihr euch auf das Negative konzentriert, verstärkt ihr dadurch nur dessen Einfluß auf euch. Wenn ihr aber aufhört, negativ zu denken, entzieht ihr dem Negativen alle Lebenskraft, und es wird allmählich dahinsterben. Die Leute sagen oft: »Wir dürfen uns doch den Realitäten nicht verschließen – wir müssen doch den Tatsachen fest ins Auge schauen ...« Nun, meine lieben Freunde: die *wirkliche* Realität ist das Licht – ist alles, was positiv, gut, rein und wahr ist. Jenes, was ihr als schlecht und als Übel bezeichnet, das ist unwirklich, ist nicht das wahre Leben. Konzentriert euch daher stets auf das Gute, auf Güte, Schönheit und Liebe, und verweilt darin; lenkt eure Gedanken dorthin.

Kennt ihr die Geschichte des Meisters, der einmal mit seinen Schülern an einem verendeten Tier vorüberging? – Die Schüler wendeten sich angeekelt ab und äußerten Abscheu vor dem toten Körper. Der Meister hingegen sah nichts Abstoßendes in diesem Anblick und sagte lediglich: »Wie wunderbar weiß doch seine Zähne sind!« Ihr seht: Man kann in allem etwas Schönes erblicken. Lernt daher, die Schönheit in den Dingen zu sehen und euch daran zu erfreuen. Eine solche zugewandte, liebende Haltung den Menschen und dem Leben gegenüber wird euch helfen, das Wesen Gottes zu erkennen und den Quell göttlicher Magie und Heilkraft für euch und eure Mitmenschen zu erschließen.

Wenn Depressionen, Furcht und Ängste euch bedrohen, dann meint ihr wahrscheinlich, diese seien nichts weiter als natürliche menschliche Regungen. Die Wahrheit ist aber, daß ihr selbst solche Gedanken heraufbeschwört, weil ihr sie magisch an euch heranzieht. Der Mensch ist wie ein Magnet. Er zieht Engel des schöpferischen Lichtes oder Engel der Finsternis und des Verderbens zu sich heran. Die Engel des Lichtes kommen nahe zu denjenigen, die demütig und wahrhaftig dem Großen Weißen Geiste dienen wollen.

Der Sinn des Menschenlebens ist es, zum Bewußtsein seiner göttlichen Eigenschaften zu gelangen, und der Weg, dies zu erreichen, besteht darin, sich gedanklich immer mehr in die Sphären des Lichtes emporzuschwingen, sich stetig fortschreitend den konstruktiven Kräften und der Allmacht Gottes zu öffnen und anzuvertrauen.

Ganz gleich, ob ihr euch dem Studium der Wissenschaften oder den geistigen und esoterischen Wahrheiten widmet, bevor ihr nicht in eurem Seelenleib die Lichtatome, die konstruktiven Gott-Atome erschaffen habt, werdet ihr dem Leben nicht so dienen können, wie ihr es möchtet und anstrebt. Es ist keineswegs dasselbe, etwas mit dem Verstand zu erfassen oder es vom tiefsten Inneren her zu wissen. Etwas von innen heraus zu wissen beinhaltet spontane gute Gedanken und unmittelbares gutes Handeln, ein freudiges Aussenden jenes Lichtes, das Liebe ist. Liebe, die schöpferisch gestaltend wirkt und die Lichtschwingungen eurer Welt und eures physischen Körpers erquickt, stärkt und erhöht.

Immer wieder sagen wir euch, es wird sich alles letztendlich zu eurem Wohlsein, eurem Glück und Seelenfrieden auswirken. Doch müßt ihr hierfür auch arbeiten und beten und täglich eine Zeit der besinnlichen, meditativen Stille einhalten. Das wißt ihr ja auch selbst sehr wohl. Doch der Sog des modernen Lebens mit all seinen Belastungen ist so groß, daß ihr immer wieder die Wichtigkeit und Notwendigkeit dieser täglichen Vereinigung mit den geistigen Welten, das ›Brechen des Brotes des Lebens‹, vergeßt. Eine solche tägliche besinnliche Stille, zusammen mit einem liebevollen Dienen in der Welt, wird aber in euer Wesen und Sein unendlich viele Lichtelemente einbauen, welche die Finsternis erhellen und die zerstörenden Kräfte, die um euch und in euch wirken, überwinden und besiegen. Das ist das Geheimnis der Verwandlung des schweren, dunklen Metalls der groben Materie in das reine, strahlende Gold des Geistes.

Wir möchten noch einmal hervorheben, wie wichtig es ist, daß ihr euch andauernd bemüht, gute Gedanken zu hegen, denn solche Gedanken bauen nicht nur den geistigen Leib auf, sondern verfeinern auch den physischen Körper des Menschen.

Richtiges Denken beruht auf Gott. Es ist göttliches Denken. Was der Mensch heute denkt, das wird er morgen sein. Täglich erschafft er von neuem seinen Körper, sein Leben, seine Seele und erbaut sich durch die Kraft seiner Gedanken sein geistiges Reich. Richtige Gedanken, Gottes-Gedanken, erfordern Selbstdisziplin, und die Ausübung einer solchen Anstrengung scheint den meisten Menschen leider zu groß zu sein. Seid euch aber bewußt, wie entscheidend das fortwährende Sichbemühen ist. Der Mensch, der sein Ziel erkannt hat und unentwegt demselben zustrebt, erringt vollkommene Gesundheit und ein vollkommenes Glück.

Lebe dein ganzes Leben mit und in göttlichen Gedanken. Schaue aus nach dem Guten. Glaube an das Gute. Vertraue dem Guten. Höre nie auf, wohlwollend und mitfühlend deinen Mitmenschen und der Welt gegenüber zu denken. Das Ergebnis einer solchen Denkweise wird dich in Erstaunen versetzen.

Wenn dich Kummer, Schmerzen, kleine Unpäßlichkeiten überkommen, dann ist es besser, anstatt sie zu nähren, einen vollkommenen Gedanken, einen Gottes-Gedanken an ihre Stelle zu setzen. Wir wissen, dies ist ein Zukunftsbild der Vollkommenheit, doch wir wissen auch, daß der Mensch, bevor er dies nicht täglich übt und ausübt, in seinem Irren, seinen Wirren, seinen Verirrungen fortfahren wird.

Ein Leben, das durch gute, positive Gedanken beeinflußt wird, ein Leben, das vom Herzen oder vom Christusgeist geleitet wird, verläuft geordnet, friedlich, harmonisch und glücklich. Nichts kann ein solches Leben erschüttern oder stören. Eine gute, schöne und harmonische Ordnung macht alle Dinge neu und vollkommen. Andererseits kommt ein Leben, das unkontrolliert, unbeherrscht, unglücklich, wirr und disharmonisch verläuft, unter den Einfluß negativer Gedanken und niederziehender Kräfte. Dennoch rief Jesus am Kreuz: »Vater, vergib ihnen, denn sie wissen nicht, was sie tun.« Es ist die Gleichgültigkeit, die Ignoranz, die das Chaos verursacht. Gleichgültigkeit und Ignoranz gleichen dem Chaos der Finsternis. Wenn die Seele einmal ernsthaft Wissen und Verständnis sucht, begibt sie sich auf den Pfad, der zu Weisheit, Harmonie und Glück führt.

Wenn alle eure Gedanken durch den Geist geprägt und aus der Kraft des Herzens gespeist werden, wenn alle eure Gedanken auf Gott gerichtet sind, dann muß zwangsläufig auch richtiges Handeln die Folge sein. Ist der Gedanke erst richtig, dann wird auch die Tat richtig sein. Richtig handeln heißt: göttlich handeln. Denke gut. Weise alle üblen und negativen Dinge von dir. Suche nur nach dem Guten – nach Gott.

Immer wieder sagen wir: Übt das Stillwerden, das Ruhigwerden. Für einige von euch ist das gar nicht so einfach, denn eine Unzahl von Gedankenformen dringt in die sensible Aura ein und verwandelt sie in ein unruhiges, zuweilen sturmgepeitschtes Meer. Trotzdem kann und wird der Zustand der Stille durch andauernde Anstrengung und Bemühung erreicht werden. Ein Meister, der durch langes Training

Gedankenkontrolle erreicht hat, kann sich in einem überfüllten Raum oder einer Menschenansammlung ruhig bewegen und wie in einen schützenden Mantel gehüllt sein, unbeeinflußt durch all die vielen Gedankenkräfte, die auf seine Aura einstürmen. Eine solche Kontrolliertheit und Selbstdisziplin wird natürlich nicht in wenigen Augenblicken erreicht, noch in einigen Wochen oder Monaten. Sie kann erst nach einer stetigen Willensanstrengung während einer langen Zeitspanne gewonnen werden.

Der erste Schritt nach vorn ist, deine Aura durch das Heranziehen aufbauender Lichtatome mit guten Kräften anzureichern. Das geschieht unter strenger Abwehr aller zerstörenden, pessimistischen und vor allem ängstlichen Gedanken. Erstrebe geduldig den unbedingten Willen zum Allguten. Das wird in deine Aura positive Atome einschleusen, welche eine starke, schützende Hülle um dich aufbauen. Diese Hülle ist nicht etwa undurchlässig, sondern durchscheinend, damit das in dir gesammelte Licht durch deine Aura hindurchströmen kann und alle Menschen deine Wärme, deine Kraft und dein Wohlwollen spüren, die von dir ausstrahlen.

Eine andere Methode, der weltlichen Hast zu entrinnen, besteht darin, deinen Atemrhythmus zu verlangsamen. Atme, so tief du kannst, ohne dich unwohl zu fühlen. Langsameres und tieferes Atmen wird alle aufgebrachten Schwingungen besänftigen und einen schützenden Einfluß auf deine Aura ausüben. Wenn du dich dann wieder einmal in einer großen Menschenmenge befindest und unter deren Gedanken und Emotionen leidest, halte einfach inne und atme ein wenig tiefer und langsamer. Du wirst erstaunt sein, welche von innen her kommenden Kräfte dann in dich einströmen werden.

Einige von euch werden erfahren, wie es ihnen hilft, ihr rastloses Gemüt zu beruhigen, wenn sie sich den Stern des Lichtes vorstellen und sich auf ihn konzentrieren. Oder ihr vergegenwärtigt euch euren Meister nach eurer eigenen Vorstellung, vollkommen in Gestalt und Antlitz, sanft und gütig und in himmlischem Lichte erstrahlend.

Es ist gut, sich ein solches Bild eures geliebten Freundes und Lehrers vor Augen zu halten und ihm eure volle Aufmerksamkeit zu schenken. Es wird euch helfen, selbst all die Eigenschaften eines vollkommenen Menschen in eurem täglichen Leben zum Ausdruck zu bringen.

Viele von euch fragen, wie das Eindringen alltäglicher Gedanken in die Meditation verhindert werden kann. Wir meinen, der beste Weg ist, diese Eindringlinge erst gar nicht zu beachten. Sorge dich nicht darum. Konzentriere dich einfach um so intensiver auf die göttliche Gegenwart in deinem Inneren. Eine solche Konzentration wird sich dann so machtvoll und beherrschend auswirken, daß alle weltlichen Gedanken beseitigt werden und die von dir aufgebaute starke Gebetskraft nicht mehr zu stören vermögen. Konzentriere dein ganzes Wesen auf Gott, bis die Verwirklichung Seiner Liebe eine so starke Notwendigkeit für dich wird, daß dir nichts anderes auf der Welt mehr wünschenswert erscheint. Wenn dich die Sehnsucht nach Seiner Liebe ganz und gar in Besitz genommen und dich mit Macht und Licht erfüllt hat, dann wird alles andere von dir abfallen, und du wirst zum Ausdruck der lebendigen Kraft göttlichen Lichtes werden.

Genauso ist es auch im Umgang mit deinen Mitmenschen. Wenn du in irgendwelche kleinen mitmenschlichen Schwierigkeiten oder Differenzen verwickelt bist, ist es besser, diese ganz außer acht zu lassen. Konzentriere dich statt dessen mit deinem ganzen Wesen auf die Macht und Stärke des Christus in dir, und alle dich bedrängenden Nichtigkeiten werden verschwinden. Viel zu viel Zeit wird oft mit unnötigen Aufregungen und nutzlosen Sorgen verschwendet; und Berge werden oft aus kleinen Maulwurfshügeln erschaffen. Wenn du Vergeltung üben willst, weil du meinst, du seiest ungerecht behandelt worden, dann erinnere dich des Ausspruchs: »Mein ist die Rache, die Vergeltung – spricht der Herr.« Die Auswirkung Seiner Gesetze kannst du in aller Ruhe Ihm selbst überlassen.

Sei dir auch bewußt, deine Weggefährten werden ebenso wie du von den Ereignissen des menschlichen Lebens betroffen. Ihre Verhaltensweisen und ihre Verwirrung rühren oft von Gefühlen, von Emotionen her, die sie sich zuweilen selbst nicht recht erklären können. Jede Seele strebt hin zum Licht, genauso wie du. Deshalb übe dich darin, hinter die Dinge zu schauen, und du wirst dort etwas Wahres, Christusähnliches finden, das vielleicht sehr tief im verborgenen ruht. Doch es ist da, und wenn du es suchst, dann wirst du es auch finden. Wenn du dir das vor Augen hältst, wird dir geholfen werden, dich ruhig, liebevoll und freundlich gegenüber deinen Brüdern und Schwestern zu verhalten.

Laß dein Glück und deinen Frieden weder von irdischen Dingen noch von anderen Menschen abhängig sein. Blicke über Karma, Verwirrung und Unklarheit hinweg, schaue auf zur Ewigkeit des Geistes. Durch Konzentration auf Gott und durch das Erwecken der wahren Fähigkeiten deines höheren Selbst wirst du das Richtige tun und all deine Bemühungen auf die beste, wahrhaftigste und schönste Art für dich und andere einsetzen können. Bist du in Einklang, Harmonie und Liebe zu Gott, brauchst du dich um die negativen Dinge nicht mehr zu kümmern, denn sie werden auch ohne dein eigenes Zutun wieder in Ordnung kommen.

Das höhere Selbst

Außer deinem physischen Leib und deiner Persönlichkeit, mit der deine Freunde und Mitmenschen dich kennen, ist dir noch dein wahres Selbst zu eigen, dein höheres Selbst, welches von den Lichtsphären deiner eigentlichen Heimat herabgestiegen ist, um sich in dieser Welt zu manifestieren. Noch ist es deinem wahren Selbst nicht möglich, sich voll und ganz in deinen niederen Körpern zu verwirklichen, weil diese noch nicht soweit sind, dein schönes, geistiges, höheres Selbst vollkommen in sich zu beherbergen. Aber in deinem täglichen Leben bist du schon dabei, deinen emotionalen, deinen mentalen, deinen Ätherleib und all deine anderen feineren Körper hierfür vorzubereiten. Wenn dann diese niederen Körper durch Selbstdisziplin und Einweihung hinreichend geläutert wurden, wird auch dein geistiges, dein wahres, dein höheres Selbst in der Lage sein, sich in weitaus stärkerem Maße als bisher in deinem physischen Leib zu inkarnieren.

Das höhere Selbst besteht aus sehr feinstofflichen Substanzen, aus pulsierendem Licht, das im Laufe deiner geistigen Entwicklung durch deine Chakren hindurch zu leuchten beginnt. Diese Chakren befinden sich in deinem Ätherleib und werden auch die »Fenster der Seele« genannt.

Wenn dieses pulsierende, göttliche Licht zu voller Wirksamkeit gelangt ist, so daß alle Chakren zu scheinen beginnen, wie es von Gott gedacht ist, dann wird dein ganzer Körper in einen Zustand des Aufsteigens, des Emporgehobenseins gebracht. Wir meinen damit, daß dein Körper, obgleich er nach wie vor von physischer Natur ist, auf einer weit höheren Bewußtseinsebene als zuvor sich auszudrücken beginnt. Zur Zeit mag er sich noch in einem recht niederen Bewußtseinszustand befinden, doch wenn das göttliche Feuer erst entzündet ist, dann wird der Körper in seiner Gesamtschwingung erhöht, wird leicht, hell und schön und nähert sich damit jener Stufe, welche die »Gott-Menschen«, auch »Sonnen-Menschen« genannt, innehatten, als sie zu Beginn der Schöpfung mit den Menschen gemeinsam auf unserer Erde wandelten.

Die großen, weisen Lehrer näherten oder nähern sich jener Sphäre, welche die Erde umgibt, um von dorther der Menschheit ihre Weisheit zu bringen. Die Seelen, die durch die Feuer des Leidens hindurchgegangen sind und bereits einen gehobenen Grad an Selbstdisziplin errungen haben, werden belehrt, wie sie in sicherer Weise, das heißt, ohne Schaden zu nehmen, das göttliche Feuer in sich entfachen können; denn dieses ist sowohl aufbauender als auch zerstörender Natur, was bedeutet, daß die Unwissenden und Selbstherrlichen, die beabsichtigen, von den Mysterien der Schöpfung in selbstsüchtiger, unbedachter und verantwortungsloser Art Gebrauch zu machen, Gefahr laufen, sich dabei selbst zu zerstören. Daher die Notwendigkeit zur Selbstdisziplin und sorgfältigen Entfaltung der feineren Wesensglieder.

Aus dem gleichen Grund hüten auch diejenigen, welche in den Welten des Lichtes über die Menschheit wachen, ihre Geheimnisse so lange, bis der Mensch genug fortgeschritten ist, um diese achtsam anzuwenden und damit gleichzeitig in die volle Freude des göttlichen Lebens einzugehen, so wie es Wille und Absicht des Schöpfers von Anbeginn war.

Der Mensch, in seiner Unkenntnis und Gleichgültigkeit, verschwendet dieses innere Feuer andauernd durch brennende Wünsche und Leidenschaften, durch die Auswirkungen ungezügelter Emotionen. Jedesmal, wenn du deinem Ärger oder deiner Leidenschaftlichkeit nachgibst, vergeudest du das heilige Feuer. Jedesmal, wenn du deine Gefühle unter Kontrolle hältst und in die sanfte Wärme der Liebe verwandelst, integrierst du Licht und höheres Leben in deine verschiedenen Körper. So wendest du das göttliche Feuer im guten Sinne an, um deine Seele zu erhellen, deine Umwelt zu verschönern und Gott zu verherrlichen.

Entfalte deine inneren Kräfte aus tiefstem Herzen. Meditiere über die Liebe. Lebe in Liebe. Nimm Liebe in dich auf und gib Liebe, und deine Seele wird erleuchtet, wird zu Licht. Dann wird dir göttliche, magische Wunderkraft in die Hände gelegt, welche dich befähigt, Kranke zu heilen, Trauernde und Verlassene zu trösten, Mühselige zu laben, Leidvolle zu segnen und alles, was du berührst, zu verschönern, indem du Friede und Glück in das Leben der Menschen trägst.

Das höhere Selbst, von dem wir sprechen, liegt jenseits irdischen Denkens und außerhalb der Ebene der äußeren Form. Durch dein menschliches Denken ist es nicht zu erreichen, sondern nur durch die Verwirklichung des Christuslichtes. Es drängt sich nicht ein noch auf. Es wird von irdischer Persönlichkeit weder behelligt noch verunreinigt. Es ist vollkommen und rein. Wenn du für einen kurzen Augenblick dich mit ihm vereinen kannst, flutet kosmisches Bewußtsein in dich ein, denn wenn du dieses Licht, wenn du dein höheres Selbst berührst, berührst du zugleich auch die kosmischen Gefilde. Du kannst dein höheres Selbst erreichen durch Hingabe, durch Aufgabe aller persönlichen Wünsche und Eigenliebe sowie durch Kontemplation, einen Zustand der Verinnerlichung, der Anbetung und Verehrung des erhabenen Wesens, das wir Christus nennen.

Jedes Kind Gottes trägt in seinem Herzen ein Idealbild des Vollkommenen. Doch liegt dieses Ideal jenseits allen Denkens. Es ist ein Ideal, welches die reinste Vorstellung dessen in sich birgt, was ein Leben in Vollkommenheit einmal sein könnte, nämlich die klarste und reinste

Manifestation eines wahren Sohnes, einer wahren Tochter Gottes.

Wir könnten es auch anders sagen: Du erarbeitest dir ein Idealbild, welches deiner eigenen Vorstellung von Christus entspricht. Du meditierst über die vollkommenen Eigenschaften dieses hohen Wesens. Du wirst dir Seiner vollkommenen Liebe, Seiner Demut und Seiner Reinheit bewußt, und indem du dich in Sein Wesen vertiefst, identifizierst du dich mit dem, was du dir selbst erschaffen hast. Du kannst diese Eigenschaften nicht empfinden, ohne *eins* zu werden mit ihnen, wenn auch nur für einen kurzen Augenblick, und während dies geschieht, wirst du *eins* mit deinem höheren Selbst und damit mit Christus. Wir wissen, daß du in diesem Bewußtsein reinen Lichtes, reiner Wahrheit nicht unbegrenzt lange verweilen kannst, denn schließlich ist es das Höchste, dessen du fähig bist. Aber du kannst es dennoch in Augenblicken höchster Seligkeit und Entrücktheit berühren und somit erleuchtet werden.

Das höhere Selbst wirkt normalerweise nicht durch den Verstand, ausgenommen, wenn euch Inspiration gegeben wird, um im Einvernehmen mit dem Gesetz Christi zu handeln. Doch ist euer niederer, irdischer Verstand nur allzuoft geneigt, euch einen plausiblen Grund anzugeben, warum ihr von eurer Inspiration keinen Gebrauch machen solltet. Im Laufe der Zeit werdet ihr aber klar zu unterscheiden lernen zwischen diesen beiden Seiten eures Wesens: dem Christus-Selbst und dem Erden-Selbst.

Noch einmal möchten wir betonen, daß das höhere Selbst nicht durch den Verstand angesprochen werden kann, sondern durch das Herz und die Kraft der Liebe.

Liebe ist nicht besitzergreifend. Lieben heißt geben. Liebe ist eine Strahlung, die vom Herzen ausgeht, ein süßer Balsam, eine wunderkräftige Essenz, die heilt.

Alle Menschen können Diener, können Heiler sein. Alle Menschen können Tröster sein. Tröster – welch wunderbares Wort! Welch herrlichere Aufgabe könntest du dir vorstellen, als deinen Bruder, deine Schwester zu trösten? Ein Diener Gottes zu sein ist die schönste Verantwortung und Gelegenheit, die einem Menschen gegeben werden kann.

Tätige Diener sind diejenigen, die mit Gott zusammenwirken und sich stets Seiner Gegenwart bewußt sind. Ein solches Leben macht den Menschen zu einem heiligen Wesen. Alle Meister sind Heilige, sind demütig, wahr und rein. Dies ist auch der richtige Bewußtseinszustand für alle, die heilen möchten, denn in dem Maße, wie man nach ihm strebt, erschafft man in sich eine Macht, welche die Menschen als Wunderkraft bezeichnen.

Jesus, in seiner einfachen Art, zu dienen und Gott zu finden, lehrte die Menschen, indem er sagte: »Der Vater und ich sind EINS.« Dies Wort ist der Quell der Heilkraft. Wenn du vom heiligen Licht, dem göttlichen Feuer, durchdrungen bist, strömt Heilkraft von dir aus. Vergiß aber nie, daß du aus dir selbst heraus nichts bist und nichts vollbringen kannst. Es ist Gottes Macht, die in dir wirkt und die Gottes Willen ausführt. Das zu wissen ist wichtig, denn Gott schaltet und waltet, wie Er will, und nicht, wie du willst.

Wenn du Heilkräfte weitergeben willst, mußt du den göttlichen Willen anerkennen, der durch dich wirkt, wenn du ihm dein Selbst unterordnest. Die Basis, der Kern, der Höhepunkt des Lebens – ist Gott. Sprich immer das Göttliche in der Materie an. Suche die Liebe Gottes, den Willen Gottes, nie den eigenen Selbst-Willen. Das ist eine schwere Lektion, wenn du gerade dabei bist, sie zu erlernen. Wenn du sie aber gelernt hast, dann wirst du wissen, daß sie dir die einzige dauerhafte Kraftfülle bringt.

»Du sollst Gott deinen Herrn lieben von ganzem Herzen, mit ganzem Gemüt und ganzer Seele.« Nichts anderes soll in deinem Leben sein als Gott, die Offenbarung Gottes auf jeder Ebene deines Seins, damit du in allen menschlichen Beziehungen, auf jeder Stufe sowohl der äußeren als auch deiner inneren Welt, stets nach Seinem Willen handelst. So wird der Mensch vollkommen, und das zeichnet auch den vollkommenen Heiler aus.

Der sechseckige Stern ist das Symbol des vollkommenen Menschen, des christusähnlichen Menschen. Es gibt viele solcher Menschen. Es sind jene, die gemäß den Christus-Gesetzen gelebt haben. Viele Inkarnationen sind notwendig für eine Seele, um Meisterschaft auf der physischen, emotionalen und mentalen Ebene zu erlangen. Der Mensch aber, der wahrlich ein ›christusähnlicher‹ genannt werden kann, ist derjenige, der sich geübt hat, Liebe zu schenken. In seinem täglichen Leben und in allen Beziehungen zu seinen Mitmenschen gibt er Liebe, nichts als Liebe. Und Liebe ist Licht.

Ihr fühlt euch alle zuweilen betroffen, wenn wir von Liebe reden, indem ihr meint: »Da gibt es aber doch auch einige Menschen, die ich nicht lieben kann!« Unsere Antwort lautet: Halte deine persönlichen Gefühle zurück. Liebe um der Liebe willen. Denke daran, wie liebevoll Gott und wie liebenswert daher Seine Schöpfung ist. Deshalb liebe Gott von ganzem Herzen und mit deiner ganzen Seele. Liebe Christus.

Könntest du heilende Hände bei ihrer Arbeit wirklich sehen, so würdest du mit deinen inneren Augen wahrhaft erblicken, wie Ströme des Lichtes von ihnen ausgehen. Dieses Licht wird aus Liebe geboren. Allein die Liebe heilt. Die hohe Schwingung der Liebe ist es, die Heilung ermöglicht.

Wenn du eine Wunde, eine Verletzung oder Erkrankung hast, dann denke mit Liebe an sie. Lege deine rechte Hand auf die schmerzende Stelle und denke an sie liebevoll, denke an sie mit Liebe, nicht mitleidig. Mitleid ist etwas anderes. Liebe die schmerzende Stelle, dann wird heilendes Licht durch deine Hände fließen.

Wenn wir mit Erbarmen an das Leid in der Welt denken, so wie wir uns vorstellen, daß Jesus es tat, dann können wir Licht aussenden, gleich einem hellen Stern, der sein Ziel der Ruhe und des Friedens in den Herzen der Müden, Traurigen und Kranken findet. Dort erschafft das strahlende Licht der Liebe ein neues Leben, einen neuen Leib.

Das Aussenden des Lichtes des Sternes zur Heilung der Menschen sollte nicht als etwas

Lästiges empfunden werden, als etwas, was anstrengend und ermüdend ist. Es sollte einfach eine stille, vom innersten Herzen ausströmende Strahlung sein. Du bist das Gefäß, du bist ein Lichtkanal für jenes Licht. Du, du selbst, formst das Symbol des sechseckigen, sechsstrahligen Sterns. Das ICH BIN – der Christus in deinem Herzen – ist der Stern, ist die Flamme.

ICH BIN *der Stern. Das Licht des ewigen Feuers strahlt durch mich und* IST *der Stern.* Der Stern, so wie er von deinem Herzen ausstrahlt, ruft und erweckt das Licht der Liebe in den Herzen all derer, auf die du deine geistige Gedankenkraft richtest.

Gebrauche jetzt deine Vorstellungskraft. Stelle dir vor, du schaust mitten in das Zentrum dieses Sterns, Symbol des christusähnlichen Menschen.

Während du innerlich schaust und dich vollkommen auf die Liebe und das Heilungslicht, das ebenfalls durch das Symbol des Sternes versinnbildlicht wird, konzentrierst, spürst du, wie du in das Herz-Zentrum des Sternes emporgehoben und selbst ein Teil dieses Sternes wirst.

Nicht nur du selbst wirst dadurch Heilung erfahren, sondern es werden auch Strahlen der Heilung von dir aus der Mitte des Sternes ausströmen, in das Herz der Welt und hin zu allen Menschen.

Die Macht des Geistes ist in *dir.* Sie ist schöpferisch und kennt keine Grenzen. Verbiete deinem irdischen Verstand, dein Denken zu beschränken und deine Visionen einzuengen. Im täglichen Leben, im Kontakt mit deinen Mitgeschöpfen, in deiner Arbeit erlaube dir nie, die Beschränkung der physischen Materie zu empfinden. Du siehst, mein geliebter Freund, alles ist nur eine Frage des Bewußtseins. Wie du denkst – so *bist* du.

Ihr alle kennt das Sprichwort von den ›Luftschlössern, die gebaut werden‹, ohne euch die Wahrheit dieser Worte bewußtzumachen. Erschaffe daher in erster Linie in deinem Bewußtsein den Stern und erhebe dich in sein Zentrum. Du *bist* der Stern, und von *dir* geht sein Licht aus in alle Regionen.

Wenn du dies tust, bekommst du Kraft. Du erhältst die Macht der göttlichen Liebe, die kein Mißlingen kennt.

Die Liebe Gottes ist allmächtig, allweise, allgegenwärtig. Gott ist in deinem Innersten, und mit Gott sind alle Dinge möglich.

EIN HEILER SEIN

Geistiges Heilen

Einer der wichtigsten Aspekte auf dem geistigen Pfad ist das Heilen. Allen jenen, die sich als Heiler betätigen möchten, wollen wir nahelegen, daß sie sich selbst als Kanal für die göttliche Lebenskraft erkennen, daß sie lernen, sich als Söhne und Töchter Gottes zu sehen, und sich bewußt sind, daß sie für alles auf ihren himmlischen Vater angewiesen sind.

Die Heilkraft wird dauernd durch euch fließen, wenn ihr einmal die Technik, die höheren Sinne den kosmischen Heilstrahlen zu öffnen, verstanden habt. Ihr alle könnt zum Instrument für diese kosmischen und magnetischen Heilstrahlen werden. Viele Menschen allerdings verschließen sich diesen lebenspendenden Kräften aus Unkenntnis oder aus anderen Motiven.

Die Aufgabe eines Geistheilers ist, das heute anerkannte medizinische System zu unterstützen, in Harmonie mit demselben zu wirken und, wenn möglich, mit ihm zusammenzuarbeiten. Es gibt so viele verschiedenartige Menschen auf Erden. Die einen sprechen auf eine ganz bestimmte Heilmethode an, andere wiederum auf etwas ganz anderes. Es wäre auch nicht sehr weise, viel Zeit, Energie und Arbeit für geistiges Heilen aufzuwenden, wenn eine körperliche Störung leicht, einfach und schnell durch medizinische Behandlung oder durch einen chirurgischen Eingriff behoben werden kann. Doch möchten wir betonen, daß die Grundlage allen Heilens geistiger Art ist und daß der Tag kommen wird, an dem geistiges Heilen auf eurer Erde nicht nur anerkannt, sondern als außerordentlich wichtiger Dienst praktiziert werden wird. Doch der Mensch muß sich geistig entfalten, ehe er seinen Körper unter Kontrolle hat.

Grundsätzlich entstehen alle Krankheiten im Körper durch einen Mangel an geistigem Licht. Man kann es auch anders ausdrücken und sagen: Krankheit ist ein Mangel an Harmonie oder ein schlechtes Befinden ist ein Mangel an Wohlbefinden. Beinahe sieht es so aus, als sei der Mensch sein ganzes Leben lang damit beschäftigt, Disharmonie und Krankheit heraufzubeschwören. Harmonie und Gesundheit bleiben erhalten, wenn das Leben durch den innewohnenden Christus gelenkt wird.

Geistiges Heilen ist durchaus wissenschaftlich. Es bewirkt die Harmonisierung der widerspenstigen physischen Atome. Geistiges Heilen ist wie eine Kommandostimme, die vom Herz-Zentrum aus ertönt, und diese Kraft wirkt größtenteils durch den Heiler, aber auch durch den Patienten. Die Kommandostimme aus dem Herzen ist die *Liebe,* welche die widerspenstigen Atome in Harmonie bringt. Diese werden veranlaßt, der Stimme göttlicher Liebe zu gehorchen. Das ist das Geheimnis des Heilens. Wenn sowohl der Patient wie auch der Heiler in vollständigem Einklang sind mit jenem Zentrum der Liebe, dann wird der Patient spontan geheilt, weil er unbewußt den richtigen kosmischen Strahl wählt, den seine Seele und sein Körper benötigt.

Jesus, der große Meister, erbrachte den Beweis für diese göttliche Kraft in vollem Umfang. Er befaßte sich nicht mit den Namen der Krankheiten, sondern ging stets zum Kern, zur geistig-seelischen Ursache zurück. Er heilte, indem er das »erweckende« Licht in die Seele einfließen ließ. Er rief beispielsweise: »Lazarus – komm heraus«, und Lazarus kam in seinen Grabgewändern aus der Gruft. Erkennt ihr die symbolhafte Bedeutung dieser Worte? Lazarus war ganz eingehüllt in irdische Belange, in irdisches Denken. Er war wie ein Toter und die Stimme des Meisters rief: »Lazarus – komm heraus.« Und so erhob sich Lazarus »von den Toten«. Das ist die Arbeit des wahren Heilers.

Ihr wißt natürlich, daß es in der Seele auch eine Ansammlung von Karma gibt. In gar vielen Fällen liegt die Ursache einer Krankheit tief in der Seele. Sie stammt aus einem früheren Leben und wurde in den heutigen Astralleib einprogrammiert. Der Astralleib wird von den Erfahrungen der Vergangenheit geprägt. Solches im Astralleib gespeicherte Karma wirkt sich manchmal in physischen Krankheiten oder aber in den Lebensumständen aus. Das karmische Gesetz ist genau, gerecht, vollkommen und wahr. Ihr könnt in das Karma eines anderen nicht eingreifen, aber ihr könnt eurem Patienten helfen, sein Karma umzuwandeln. Wenn ihr dem Patienten den Weg zeigt, wie er die Fülle des Christuslichtes in sich einfließen lassen kann, helft ihr ihm, sich selbst zu helfen. Auf diese Weise lernt er seine Lektion durch die Transmutation – die Umwandlung – seines Karmas, anstatt durch Krankheit.

Sinn und Zweck des Karmas ist die Schulung. Es bietet eine Gelegenheit, gewisse Lektionen zu erlernen, Weisheit zu erlangen und geistig zu wachsen. Ist die Seele arrogant – und das ist so oft der Fall –, ist sie nicht gewillt, gläubig anzunehmen, sondern beharrt auf eigenem Besserwissen, dann bleibt nichts anderes übrig, als den vorgeschriebenen Weg zu gehen, das heißt, die physische Krankheit durchzustehen. Es gibt allerdings auch Seelen, die freiwillig den Pfad des Leidens wählen, doch diese Entscheidung liegt im Unterbewußtsein.

Das bringt uns zu einem weiteren Punkt: Dränge niemandem jemals geistiges Heilen auf. Die Seele sollte aus freiem Willen geistige Hilfe suchen. Was der Patient benötigt, ist geistiges Licht. Der Zweck des Schmerzes ist, ihn zum Licht zu führen.

Aus diesem Grunde sollte sich ein geistiger Heiler nicht allzusehr mit dem physischen Körper und seinen mannigfachen Krankheitssymptomen beschäftigen, sondern mit der Seele und der Aura seines Patienten. Wohl ist es wahr, daß ein Heiler gewisse magnetische Kräfte (Heilmagnetismus) besitzen und so den Patienten vorübergehend von den Symptomen befreien kann. Doch das ist nicht genug. Beim geistigen Heilen heilt man die Seele. Zur gegebenen Zeit wird sich die seelische Gesundung auf den Körper auswirken.

Wahres Heilen spielt sich auf der geistigen Ebene ab. Die Heilkraft stammt aus der Christussphäre und den dort wirkenden göttlichen Kräften. Je nach dem Reinheitsgrad des Heilers fließt die Heilkraft durch seine feinstofflichen Körper und entströmt seinen Händen und seiner ganzen Aura. Genauso, wie ein klarer Bergbach ein sauberes Bachbett braucht, um rein zu bleiben, benötigt der Heilstrom die reine Aura des Heilers. Es geht nicht nur um das Auflegen der Hände, sondern um den Kontakt mit Christus. Durch diesen Kontakt kann die Heilkraft Christi zum Fließen kommen und durch die gedankliche Kontrolle des Heilers auf den Patienten konzentriert oder in ihrer Wirkung intensiviert werden. Aus diesem Grund ist es verständlich, daß die Methode des Fernheilens genauso wirksam sein kann wie das Auflegen der Hände, sofern sie richtig ausgeführt wird.

In den unsichtbaren Heilstrahlen sind gewisse Eigenschaften vorhanden, Farben, Schwingungen, ja sogar ätherische Düfte, die der Heiler heranziehen kann, um sie an den Patienten weiterzugeben. Wenn ein Mensch krank wird, »fehlt ihm etwas«, oder er ist in seinem seelisch-geistigen Gleichgewicht gestört. Der Heiler wirkt in Zusammenarbeit mit den Heilengeln, damit die Seele das, was ihr fehlt, erhält, der

Mangel behoben wird, damit sie ins Gleichgewicht kommt, Gesundheit oder Ganzheit erhält. Er ist ein Kanal für die reinen, geistigen Kräfte, und deshalb muß er sich bemühen, so zu sein, wie die Priester und Priesterinnen in längst vergangenen Zeiten waren. Er muß durch reines Leben, reines Denken und selbstloses Handeln wie auch durch korrektes Verhalten zu einem menschlichen Werkzeug des Geistes werden.

Bemühe dich mit ganzer Kraft, bei guter Gesundheit zu bleiben. Überarbeite dich nicht, weder geistig-seelisch noch körperlich. Beachte die Regeln für ein reines, gesundes Leben. Bleibe harmonisch in deinem innersten Wesen. Ernähre dich von den reinen, gesunden Früchten der Erde. Atme das Leben Gottes mit vollem Bewußtsein ein. Sei freundlich zu deinem Körper und zwinge ihn nicht, Dinge zu tun, die nicht weise sind. Verunreinige ihn nicht mit Rauch. Gönne ihm Ruhe, reinige ihn und ernähre ihn mit gesunder Nahrung und bringe ihn in Einklang mit den reineren Schwingungen der höheren Sphären. Die Grundlage allen Heilens ist das In-Einklang-Kommen des Heilers mit den Kräften der Natur und des Geistes.

Fühlst du dich müde und ausgepumpt, dann besinne dich auf die Notwendigkeit, dich wieder energetisch aufzuladen. Gute Methoden des

Aufladens sind das Eintauchen der Hände in kaltes Wasser, Beschäftigung mit der Erdkrume, oder im Wald spazierenzugehen. Stelle dich mit dem Rücken gegen einen kräftigen Baum und atme mit ihm. Atme seine Lebenskraft in dich ein und du wirst erstaunt sein, wie erfrischend die Kraft in dich einströmt. Wende dich zur Natur, wenn du müde und abgespannt bist; und wenn du deine Arbeit einfach nicht mehr tun kannst – dann ziehe dich zurück. Mit der Zeit wirst du lernen, wie du dich am besten aufladen kannst, damit du nicht mehr müde wirst.

Entspannung ist wichtig sowohl für den Heiler als auch für den Patienten, doch die Entspannung muß unter der Kontrolle des höheren Selbst stehen. Laß deinen Körper völlig entspannt ruhen. Entspanne dein Gemüt und erlaube dem himmlischen Leib, durch den physischen, den astralen und den mentalen Körper hindurch deine Aura mit dem Licht Christi zu erfüllen. So wenige Menschen wissen, wie man sich entspannt. Sie laufen verkrampft herum, ihre Gesichter sind angespannt und sollten doch Entspannung, Frieden und Hingabe an die himmlischen Welten zum Ausdruck bringen.

Je mehr du dich bemühst, zum reinen Kanal für die Heilkräfte zu werden, desto sensitiver wirst du. Darum ist es wichtig, dir zu sagen, wie du deine Aura schützen kannst. Sobald du dir einer negativen oder schädlichen Schwingung bewußt wirst oder denkst, es könnte etwas Unerwünschtes in dich eindringen, schütze dich, indem du dir vorstellst, wie du deine Aura »einziehst« und wie einen schützenden Mantel um dich legst. Auch helfen dir einige tiefe Atemzüge. Atme das göttliche Licht in dich ein und lege deine Hände auf das Sonnengeflecht, die Rechte über die Linke, und verharre in positiven Gedanken.

Da die rechte Hand die gebende und die linke Hand die empfangende ist, könnt ihr die linke Hand betend emporhalten und bitten, daß die Heilkraft durch die linke Hand in euch einströmen möge. Sie ist wie ein Magnet. Pulsierende Lebenskräfte strömen in sie ein und dringen durch den Körper in die rechte Hand und von dort zum Patienten.

Die Berührung des Patienten sollte ganz zart sein. Ein ganz leichter Kontakt genügt. Die Strahlung geht sodann von den Fingerspitzen und der Handfläche aus. Seid euch bewußt, ihr Heiler, daß unsichtbare Hände über den euren liegen. Eure Hand ist lediglich die »Elektrode«, die den Heilstrom weiterleitet.

Achte darauf, daß du dich gefühlsmäßig nicht allzusehr mit dem Patienten beschäftigst. Ein

Arzt kann freundlich sein und für seine Patienten Sympathie aufbringen, doch wenn er weise ist, läßt er jede Emotion aus dem Spiel. Gefühle und Emotionen müssen bei jeder geistigen Tätigkeit unter strikter Kontrolle gehalten werden. Unbeherrschte Gefühle können die feinste Arbeit zerstören und die beste Heilgruppe auseinanderbrechen lassen. Wir raten dir dringend, lieber Freund, überwinde die Schwäche unkontrollierter menschlicher Emotionen, denn nichts anderes hemmt so stark den Fortschritt auf dem geistigen Pfad. Wer weise ist, der ist ausgeglichen, freundlich, ruhig, liebevoll gegen alle und richtet sich unmittelbar an das göttliche Zentrum der Liebe und Weisheit.

Die Macht der Gedanken

Gedanken können Gesundheit bewirken, Gedanken können heilen. Gedanken können aber auch Leid und Krankheit hervorrufen, können des Menschen Seele, sein Gemüt und seinen Körper zerstören. Eure Wissenschaft steht erst ganz am Anfang der Erkenntnis über die Gedankenkräfte. Gedanken des Ärgers, der Furcht und des Hasses sind die Wurzeln aller Leiden und aller Kriege. Andererseits sind Gedanken aber auch die Ursache von Schönheit, Harmonie, Bruderschaft und allem dem, was sich der Mensch ersehnt.

Wir selbst arbeiten so weit als möglich mit der schöpferischen Macht der Gedanken. Wir versuchen, alle zerstörenden Gedanken zu meiden. Es ist unser Grundsatz, den Rat- und Hilfesuchenden stets positiv zu begegnen und in allem nur das Gute zu sehen. Wir tun dies ganz bewußt, auch wenn man uns für einfältige Optimisten halten sollte. Wir wissen, daß wir durch positive Gedanken und dadurch, daß wir immer nur das Gute sehen, mithelfen, das Gute und Positive zu erschaffen. Wir denken nie in Bildern von Pessimismus, Traurigkeit oder Tod. Alles ist Leben. Alles ist Fortschritt und Entfaltung. Alles ist gut. Alles ist Gott. Deshalb sollten jene, die Heiler werden wollen, ausschließlich positiv denken und wirken.

Sprich nie die Vermutung aus, daß dein Patient sterben könnte. Sieh nur das schöpferische, das sich stets verändernde, sich entfaltende Leben. Den Tod gibt es nicht. Glaube, daß Hoffnung besteht, solange das Leben währt. Erwarte nie etwas anderes als das Gute. Es ist die Aufgabe des wahren Heilers, Vertrauen einzuflößen und keine Zweifel oder Furcht. Hilf deinem Patienten, sich harmonisch in das vollkommene Gesetz Gottes einzuordnen. Hilf ihm, eine klare, gesunde Einstellung zum Leben zu bekommen. Richtig denken, göttlich denken erfaßt das ganze Wesen. Das ist eine gewaltige Wahrheit, und wenn du darüber nachdenkst und meditierst, wirst du verstehen, was wir meinen. Richtige Gedanken sind Gottesgedanken, sind ausgeglichen, liebevoll, rein, heilig und freundlich. Sie sind tolerant und großzügig. Richtige Gedanken beinhalten eine göttliche Einstellung zum Leben.

Geistiges Heilen wird durch die Kraft ernsthaften Strebens ermöglicht. Sind die Gedanken wahrhaft auf Christus gerichtet – dann ist das Christuslicht im physischen Körper spürbar und kann, da es eine gewaltige Kraft besitzt, den Krankheitsverlauf zum Stillstand bringen. Dunkelheit oder Krankheit kann in Licht umgewandelt werden. Das Licht übernimmt die Kontrolle, ergreift Besitz vom Körper und beeinflußt die physischen Atome. So geschehen die Wunder! Doch irdisch denkende Menschen wollen das nicht wahrhaben, wollen es nicht verstehen, wissen es nicht zu würdigen. Wenn wir sagen, daß die Macht der Gedanken fähig ist, Wunder zu wirken, dann meinen wir natürlich göttliche Gedanken, d. h. Gedanken, die aus einem reinen, strebenden Herzen kommen. Ist das Herz auf Gott gerichtet, werden Kräfte herangezogen, die Negatives in Positives, Dunkelheit in Licht umwandeln.

Meister Jesus sagte: »Ich und der Vater sind eins«, und »Die Worte, die ich rede, sind nicht meine Worte – es ist der Vater, der in mir wohnt, der sie spricht und die Taten vollbringt.« Jeder Heiler sollte um die Wahrheit dieser Worte wissen und jeder Patient sollte versuchen, diese ewige Wahrheit zu verstehen, denn sobald der Kontakt mit der Christusgegenwart hergestellt ist, auch wenn es nur für eine Blitzsekunde war, ist es, als hätte sich die Kraft Gottes in euch entzündet. Dann vergeßt ihr irdische Begrenzungen und erhebt euch in die höheren Sphären bewußten Lebens – und dort werdet ihr von der lebendigen Kraft Gottes aufgeladen. Laßt euch vom irdischen Denken nicht begrenzen.

Zweifelt nicht an dieser Kraft. Entfernt alle Zweifel aus euren Gedanken und wisset tief in eurem Herzen um die Wahrheit dieser unsichtbaren Heilstrahlen und um die Wahrheit des unsichtbaren Lebens.

Die Heilengel

Der Erdenmensch von heute hat sehr wenig Kenntnisse von der Existenz der Heilengel. Doch mit dem fortschreitenden Einfluß des

Wassermann-Zeitalters werden viele Menschen nicht nur ihre Gegenwart spüren, sondern sie sogar sehen. Je nach Bedarf und je nach der erzeugten Schwingung kommen zu einer Heilbehandlung die in Sonnenlicht gekleideten Engel in den verschiedensten Farben. Ihr wißt, daß das Sonnenlicht alle Farben des Spektrums enthält. Nun stellt euch die Heilengel in diesen wunderbaren Farben vor. Nichts ist dunkel oder häßlich. Sie erstrahlen im Licht der Reinheit. Diese Engelwesen kommen sehr nahe an den Heiler heran, der einen »gewissen Stoff« beiträgt, den sie benötigen, um den Kontakt mit dem Heilungssuchenden herzustellen. Göttliche Heilstrahlen können sowohl zur Heilung des physischen Leibes als auch zur Heilung seelischer Schwierigkeiten angewendet werden, ja sogar um die dunklen, materiellen Umweltbedingungen, welche die Menschheit bedrükken, zu verändern.

Das Licht reiner, weißer Magie strahlte unaufhörlich aus dem Herzen Jesu. Jeder Mensch kann auch heute noch diese Strahlung aus dem Herzen Christi in sein eigenes Herz einfließen lassen, und wenn sein Herz freudig und rein bleibt, kann es seinerseits Licht und Heilkraft in alle Welt ausstrahlen.

Die spontane Selbstlosigkeit macht geistiges Heilen zu etwas Wunderbarem. Der Heiler strebt nicht nach Ruhm und Ehre. Täte er dies – er könnte nicht heilen. Er denkt lediglich an den Mitmenschen, an die Linderung von Schmerz und Leid. Die Umwandlung der dichten, düsteren, drückenden Lebensumstände in bessere, harmonischere, ist sein ganzes Anliegen.

So wollen wir abschließend Folgendes sagen: Wer sich nach geistiger Höherentwicklung und Entfaltung inneren Wahrnehmens sehnt, der stelle sich in den Dienst des Heilens. Christus sagte durch Jesus von Nazareth: »Weide meine Schafe.« So gehe hin, mein Freund, und widme dich den kranken Seelen der Menschen, indem du ihnen dienst – sie geistig heilst. So dienst du selbstlos nicht nur der heutigen Menschheit, sondern auch zukünftigen Generationen, und hilfst Gott, für alle Menschen auf Erden bessere Lebensbedingungen zu schaffen.

Meine Freunde, folgt dem Pfad des Dienens, der wahren Güte, spontaner Lebensfreude und werdet allmählich, wie euer geliebter Meister Jesus, vollkommene Söhne und Töchter des lebendigen Gottes.

II.
Die vielen Ebenen des Seins

VERBINDUNG MIT ANDEREN SEINSEBENEN

Alles, was rein und gut ist, kommt von Gott, ist Wirklichkeit

Wir bringen dir Frieden, Freude und Liebe. Wir möchten dein Bewußtsein erweitern, damit du die Gegenwart der Erleuchteten wahrnehmen kannst. Wir möchten dir helfen, dein Herz den großen Wächtern zu öffnen, damit du die Botschaft, die sie bringen, in deinem Herzen vernehmen kannst. Versuche zu erkennen, daß du nicht so klein bist, wie du meinst, sondern Teil einer viel schöneren Seele, als du ahnst. Diese Seele ist dein höheres Selbst. Lediglich ein kleiner Teil von dir manifestiert sich in deinem Körper. Etwas in dir, dein inneres Selbst, ist dauernd mit deinem höheren Selbst verbunden. Das letztere ist getrennt von Gott und dennoch Teil von IHM. Diese Gedanken liegen jenseits deines heutigen Begriffsvermögens, jedoch zur gegebenen Zeit wird sich dir die Wahrheit und Schönheit jenes höheren Selbst, das größere Leben, kundtun.

Solange du im Körper weilst, lebst du in scheinbarer Dunkelheit und Einschränkung und kennst nicht den Leitstern über dir, der mit deinem Herzen verbunden ist. Die stillen Wächter, die dich während deiner Erdenreise begleiten, siehst du nicht. Kaum begreifst du, wie gut du behütet und geführt wirst. Sagte nicht der Meister: »Kein Sperling fällt vom Dach, ohne daß es der VATER im Himmel wüßte«, und »sogar die Haare auf deinem Haupt sind gezählt«. Du aber vergißt diese Weisheitsworte, wenn du in deinen kleinlichen Ängsten gefangen bist. Du wirst von deinen Befürchtungen heimgesucht, ja sogar besessen.

Wenn du dich doch an die Christusworte erinnern wolltest, daß der VATER deine Bedürfnisse kennt und daß ER dein Leben so geplant hat, daß letztendlich Glück und nicht Sorge auf dich wartet! Allmählich lernst du, deinem Schöpfer zu vertrauen, denn die Erfahrung wird dich lehren, daß aus allem Bitteren etwas Gutes resultiert und daß nichts so schlimm ist, wie du fürchtest.

Versuche das, was wir sagen, in Erinnerung zu behalten. Wir wissen, daß etliche von euch dringend Trost, Mut und Aufmunterung brauchen. Sei versichert, mein Freund, daß der VATER im Himmel deine Nöte kennt. Was dir jetzt geschieht, formt deinen Charakter und bringt Schönheit in dein Leben. Du denkst vielleicht, wir seien überoptimistisch. Wir haben aber allen Grund, optimistisch zu sein, denn unsere Sicht reicht weiter als die deine, und wir können sehen, daß alles gut wird.

Oftmals wird die Frage gestellt, warum die Unschuldigen für die Schuldigen leiden müssen. Wir aber sagen euch, daß die Unschuldigen nicht für die Schuldigen leiden. Ihr seht die Dinge von eurem Standpunkt aus und kennt nicht die unendlich große Liebe und Gnade des Schöpfers. Nichts wißt ihr über die liebevolle Fürsorge, die denen zugute kommt, die leiden und einsam und furchtsam sind. Ihr seht die Katastrophen, den toten Körper, die leere Hülle und stöhnt: »Wie furchtbar! Wie schrecklich ist der Tod.«

Doch ihr wißt nicht, wie gut die Vorsehung für diejenigen sorgt, deren Schicksal es ist, plötzlich und auf eine scheinbar schreckliche Art und Weise vom Körper getrennt zu werden. Stets sind hierfür Vorkehrungen getroffen. Die Verunglückten wissen nicht, was ihnen geschieht. Sie wissen lediglich, daß sie leben, sich bewegen und in einer Welt atmen, die identisch scheint mit der bisherigen. Behutsam und mit viel Liebe werden sie zu der Erkenntnis gebracht, daß sie ihren ehemaligen Körper verlassen haben und »tot« sind.

Wir in der geistigen Welt wachen über ihren Zustand, bis sie sich der neuen Lage bewußt geworden sind, und wir wissen, daß sie tiefe Freude und Dankbarkeit für einen so leichten Übergang empfinden. Freude und Dankbarkeit sind denn auch die erste Reaktion, wenn sie sich in der neuen Umgebung zurechtfinden. Diese ist für sie solide und real, ähnlich der irdischen Welt, die sie zurückgelassen haben, jedoch viel schöner.

Zarte Fürsorge und Liebe wachen unaufhörlich über den Menschen, nicht nur zum Zeitpunkt des Todes. Sie sind immer da und behüten und erhalten die Menschheit. So war es immer, und so wird es stets sein.

Als menschliches Leben auf diesem Planeten begann, war es unbefleckt und rein. Ihr in eurem fortschrittlichen Denken meint, daß die Paradiesesgeschichte eine Erzählung für Kinder sei. Sie beinhaltet aber eine tiefgründige Wahrheit.

Am Anfang erdachte sich der Schöpfer das

vollkommene Leben. ER stattete den Menschen mit gewissen Kenntnissen aus. Tief in seine Seele legte ER den Schlüssel zu den Mysterien und dem Wunder des Lebens. Die Erde aber zog den Menschen in ihren Bann. Statt frei zu bleiben, wurde er zum Sklaven der Materie. Gott gab dem Menschen nicht nur eine schöne Erde, um darauf zu leben, und einen schönen Körper, um darin zu wohnen, sondern ER sandte ihm durch die Jahrtausende hindurch hilfreiche Boten. Zuerst kamen sie nicht nur aus der geistigen Welt, sondern auch von anderen Planeten und aus dem All. Sie wurden Gottmenschen genannt, denn sie waren gekommen, um dem Erdenmenschen erweiterte Kenntnis über das kosmische und himmlische Leben zu bringen.

Ihr kennt Überlieferungen von den verschiedensten Katastrophen und über das versunkene Atlantis. Auch andere Kontinente verschwanden auf ähnliche Weise, von denen ihr nie etwas gehört habt. Ihr kennt nicht einmal das Alter der Erde. Auch über die wahre Natur von Zeit und Raum habt ihr keinen rechten Begriff. Eure Wissenschaftler haben ihre eigenen Methoden der Altersbestimmung und bauen auf ihnen ihre Theorien auf. Diese werden eine Zeitlang geglaubt, um dann von anderen abgelöst zu werden.

Bis der Mensch seine geistigen Fähigkeiten entwickelt hat, versteht er tatsächlich weder den Zeit- noch den Raumbegriff. Diese Erkenntnisse kommen erst mit der Erweiterung seines Bewußtseins.

Eines Tages wird der Mensch erkennen, daß er nicht nur von geistigen Welten und ihren Lebewesen, sondern auch von feinstofflichen oder halbstofflichen Welten, mit Wesen ähnlich wie er selbst, umgeben ist. Oftmals mischen sich Geistwesen unter euch, die nicht von eurer Welt, sondern von anderen Planeten kommen. Es ist bekannt, daß solche Wesen durch sensitive Menschen zu euch sprechen.

Der Mensch ist in seinen Ideen festgefahren und kommt von seiner einspurigen Denkart nicht los. Außerhalb dieses festgefahrenen Denkens aber gibt es so viele wunderbare Dinge, solch herrliche Sphären, von denen ihr nichts ahnt. Ihr empfindet euer Leben als schwierig und einsam und habt das Gefühl, dauernd im Streß zu sein. Eure Füße sind schwer, und der Weg, auf welchem ihr euch vorwärts schleppt, ist steinig.

Übt die Gabe der inneren Schau, und habt den Mut, das zu glauben, was ihr glauben möchtet. So viele haben gesagt: »O White Eagle, ich wünschte, ich könnte glauben. Gib mir Beweise, und ich glaube.«

Mein Freund, der Beweis, den du haben willst, liegt *in dir!* Du möchtest bestätigt bekommen, daß du ein ewig lebendes Wesen bist, daß dein Schöpfer die Alliebe ist, daß du den Tod nicht zu fürchten brauchst und daß du dich von denen, die du liebst, nicht trennen mußt. Die Bestätigung jedoch liegt in deinem eigenen Wesen. Du möchtest die Versicherung bekommen, daß du dir in deinen Meditationen nichts vormachst, dir nicht Dinge vorstellst, die sehr schön, doch im Grunde genommen unwirklich und phantastisch sind. Wenn du dich in der Meditation zum Schöpfer emporhebst, wird dir bewußt, daß es etwas Verehrungswürdiges und Wunderbares gibt. Du spürst den Odem des Unendlichen, den Hauch dieses Odems, die Freude jenes Lebens. Ist dies wirklich, oder verliert es sich im harten Licht des Morgens?

Alles, was heilig, schön, rein und gut ist, kommt von Gott und ist wirklich. Das ist dein wahrer Lebensbereich. Nun wirst du fragen: »Warum sind wir dann hier unten Gefangene unseres dichten Körpers? Warum ist denn die Welt so tief gefallen, da doch das Leben vor Äonen so herrlich war? Wenn diese Welt ein Garten Eden war, was ist denn seither geschehen? Und was haben *wir* getan, sie in diesen schrecklichen Zustand zu bringen?« Ja, was habt ihr getan?

Was tut ihr jetzt? Das ist der springende Punkt! Denn würdet ihr jederzeit im Bewußtsein eures Schöpfers, im Bewußtsein Christi, des Gottessohnes, leben, ihr würdet weder leiden noch in Dunkelheit gefangen sein. Die Liebe Gottes und der geistigen Welten ist schöpferisch und erzeugt Harmonie und Schönheit in eurem Körper, eurem Leben und in eurer Umgebung. Sie verleiht euch ein geistiges Leben, das durch die Illusion eines selbstsüchtigen Erdendaseins nicht verängstigt, verletzt, getrübt und beschmutzt werden kann.

Gott hat in euer Herz den Schlüssel zum Himmelreich gelegt. Die dunkle Erde kann euch nicht zurückhalten. Wenn heute die Erde von trübem Nebel umgeben ist, dann war es nicht Gott, der ihn schuf, sondern der Mensch, der ihn verursachte. Wenn ihr immerzu an Gottes Sonne und Gottes Schönheit denkt, so daß ihr selbst licht werdet, dann werden für euch Dunkelheit und Nebel schwinden. Dann seid ihr Lichter, und sobald genügend Lichter da sind, lösen sich Dunkelheit und Nebel auf.

Jesus sagte: »ICH BIN das Licht der Welt.« Wie versteht ihr diesen Ausspruch? Jesus wird kaum gemeint haben, daß er ein Licht in dunkler

Nacht sei. Doch er meinte, das »ICH BIN«, der Christus im Inneren ist das Licht, die Auferstehung und das Leben. So auch strahlt das »ICH BIN« aus dem Herzen des Menschen, ein Licht, das allen Nebel und alle Dunkelheit durchdringt.

Ihr sprecht von »im Licht leben«. Und tatsächlich, wenn ihr an einem Ort seid wie in unserer Loge, fühlt ihr, daß ihr »im Licht« seid. Ihr schließt eure Augen und meditiert über das geistige Sonnenlicht. Ihr seht strahlende Wesen, in allen Farben des Spektrums gekleidet. Ihr wandert in eurer Meditation in Gärten von unbeschreiblicher Schönheit. Ihr begegnet Menschen mit vor Liebe und Weisheit strahlenden Gesichtern. Dann kehrt ihr zurück in das, was ihr die Wirklichkeit nennt. Doch die Vision, die ihr während eurer Meditation hattet, ist die Realität, denn das ist euer wahres Leben, das Leben des Geistes. Ihr kehrt zurück in die Illusion. Wißt ihr, daß eure physische Welt eine Illusion ist? Wißt ihr, daß sie eigentlich aus Licht aufgebaut ist? Wißt ihr, daß euer physischer Leib, könntet ihr ihn hellsehend wahrnehmen, aus Licht zusammengesetzt ist?

Überall auf der Erde findet man Ruinen großer Sonnentempel. Wissenschaftler zerbrechen sich den Kopf, wie die Vorfahren Steinquader von vielen Tonnen Gewicht transportierten und aus ihnen Tempel erbauten. Man kannte die Kraft von Klang und Rhythmus. Man verstand jene Kraft und konnte sie anwenden. In anderen Fällen erbaute man Tempel aus ätherischer Substanz und Licht, aber im Laufe der Zeit und mit dem Zuendegehen der geistigen Kräfte des Menschen verhärteten sich diese Tempel zu Stein. Wer zu gewissen Zeiten zu den Ruinen von Stonehenge geht und dort sein inneres Auge öffnet, sieht große Engelwesen von anderen Planeten, deren Kraft dort verankert ist. Wollt ihr denn nicht erkennen, daß die Schöpfung kein Phänomen der Erde, der Venus oder irgendeines anderen Planeten ist? Sie ist doch eine kosmische Angelegenheit, und alle ihre Teile bilden eine Einheit und sind in steter Wechselbeziehung zueinander.

In vergangenen Zeitaltern kamen »Gottmenschen« von der Venus auf die Erde, doch auch vom Mars und etwas seltener vom Merkur. So werden denn auch wiederum Wesenheiten aus dem Weltall kommen, werden von euch gesehen und erkannt werden, wenn Gott es für gut befindet und die Erdenmenschen hierfür bereit sind. Sie werden der Menschheit großes Glück bringen.

Wir wollen euch die Verwirklichung des göttlichen Gesetzes der Liebe nahelegen, wie auch den Glauben an die große geistige Familiengemeinschaft, den Glauben an die Engel von anderen Planeten und den Glauben an das große geistige Universum, aus dem sich euer Planet in eine Form der Materie kristallisiert hat, die ihr sehen und verstehen könnt.

Begeht nicht den Fehler, eure Gedanken und Vorstellungen vom Leben auf Sichtbares zu beschränken. Laßt eure Gedanken in ein geistiges Universum vordringen, in ein Weltall jenseits, weit jenseits eures ach so kleinen Planeten. Mischt euch unter die Brüder aus anderen Welten. Tut dies, meine Erdenfreunde, bevor ein Unglück geschieht, was sehr wohl möglich sein könnte, wenn der Mensch sich weigert, sein Bewußtsein der großen geistigen Bruderschaft und Kameradschaft zu öffnen.

Klar sehen, klar erkennen

Nach eurer Ansicht sind nur wenige Menschen hellsehend. Es stimmt, daß in heutiger Zeit nur wenige diese Gabe besitzen, doch die Gabe des einen ist die Möglichkeit aller. Wenn ein einziger Mensch hellsehend ist, darf angenommen werden, daß diese Fähigkeit latent in allen liegt, denn alle sind Kinder Gottes. Sagte nicht Jesus der Christus: »Die Dinge, die ich tue, sollt ihr auch tun, ja größere, denn ich tat, sollt ihr tun.« Ob jedoch diese Fähigkeit entwickelt werden kann oder nicht, ist eine karmische Angelegenheit.

Die inkarnierte Seele erleidet Einschränkungen und erfreut sich neuer Chancen, die sie sich in vergangenen Leben erworben hat, und findet sich in jenen Umweltbedingungen, in denen sie den größtmöglichen Fortschritt erzielen kann. In der Schule des Lebens wird sie mit der eigenen Vergangenheit, mit ihrem Karma, konfrontiert. Der Mensch mißversteht die Gnade und Güte Gottes und spricht von *schlechtem* Karma. Karma, das Resultat vergangenen Denkens, Redens und Handelns, ist jedoch viel eher eine neue Gelegenheit zum Lernen, eine Chance, die dem Menschen geboten wird.

Wir wollen nun versuchen, die Bedeutung der Gabe der Hellsichtigkeit (clairvoyance) aufzuzeigen. Viele von euch mögen einen gewissen Grad von Hellsichtigkeit haben oder meinen es wenigstens. Wir möchten euch aber daran erinnern, daß die verschiedenen Grade des »Klarsehens« wie auch des »Klarerkennens« die ganze Skala, von der untersten bis zur höchsten

Stufe, umfassen. Man kann hellsichtig oder hellsehend sein auf der untersten Astralwelt, der Sphäre unmittelbar jenseits der materiellen Ebene, oder man kann kosmisches Bewußtsein erlangen. Zwischen diesen beiden Graden gibt es viele Abstufungen. Hellsichtigkeit bedeutet nicht nur das Erschauen von jenseitigen Wesen und Formen, sondern umfaßt auch »klares Erkennen der Wahrheit« oder z. B. klares Erkennen des Lebens auf dieser Erde in der Zukunft, eine Vision, was sein könnte, wenn alle Menschen aus einem liebenden Herzen heraus handeln würden.

Die sieben Farben des Spektrums sind alle in dem einen weißen Strahl enthalten, den wir das Christuslicht nennen wollen. Das Christuslicht enthält alle Strahlen, und jeder einzelne Strahl wirkt schöpferisch und hat die Kraft, jegliche Form der Materie zu beeinflussen. Alle Strahlen gehen vom Zentrum oder dem Herzen des Universums aus. Es ist wie ein Pulsschlag, der unaufhörlich Liebe, Liebe, Liebe ins All verströmt. Es ist ein rhythmisches Ausströmen von immerwährender, schöpferisch-heilender Kraft. Es sind die Strahlen, welche den schaffenden Komponisten veranlassen, seine Musik zu hören und sie niederzuschreiben, die Strahlen, welche den Schriftsteller inspirieren und den Maler zu seiner Vision anregen. Alle schöpferischen Werke gehen vom Zentrum oder Herzen des geistigen wie des materiellen Universums aus. Ihre Impulse wirken auf das Gemüt (mind) und veranlassen den Menschen, sich etwas vorzustellen. Ihr nennt es die Vorstellungskraft oder Imagination. Alle schöpferisch tätigen Künstler verwenden die Vorstellungskraft. Sie entwickeln auf ihre Art und Weise Hellsehen und Hellhören.

Wir sagen euch dies, damit ihr lernt, diese Gaben zu verstehen und aus eurem eigenen Herzen, dem Mittelpunkt des Christusfunkens, zu wirken. Von hier ausgehend, könnt ihr mit eurer Vorstellungskraft arbeiten. So reagiert ihr auf die Schwingungen der unsichtbaren Welten und baut unter Zuhilfenahme der eigenen inneren Christuskraft eure mentalen Kraftfelder, eure Gesundheit und eure materielle Umgebung auf.

Jede Gestaltung ist zuerst durch den Gedanken entstanden, und der Gedanke des Menschen kann durch den Geist und durch die Macht Gottes gelenkt werden. Versucht zu begreifen, was wir euch lehren wollen, denn es ist für jeden einzelnen von euch äußerst wichtig. Die schöpferische Kraft kann entweder niederreißen oder aufbauen. Sie kann euer Leben entweder freudig und schön gestalten oder ins Chaos stürzen.

Wie ein Mensch denkt, was er sich vorstellt, so wird er. Negatives Denken, negative Vorstellungskraft wirkt auf bestimmte Stellen des Gehirns und bringt dem physischen Leib Krankheit und Disharmonie und wirkt auch auf die Umwelt, auf das äußere Leben. Wenn ihr euch auf Scherereien einstellt, werdet ihr mit Sicherheit Scherereien ernten. Wenn ihr euch aber beharrlich auf das Gute konzentriert, werden sich Gottes Pläne als weise und liebevoll erweisen.

Dieser Vorgang ist völlig automatisch – es ist ein Gesetz des Lebens. Wie ein Mensch *denkt*, so ist er und so wird er. Was ihr in eurer Meditation denkt, welche Bilder ihr mit eurer Phantasie erschafft – ihr manipuliert feinere Kräfte, bedient euch feinerer Schwingungen. Aus der Substanz der unsichtbaren Welten erschafft ihr dementsprechend eure besonderen Formen.

Was der Mensch denkt, wird er. Was immer der Mensch in seine Umgebung, seine Arbeit und seine Religion hinein projiziert, was immer es ist, das er erschafft – er ist damit verwoben. Entweder hält es ihn gefangen und versklavt ihn, oder, wenn seine Gedanken göttlicher Natur sind, befreit es ihn. Der Mensch ist sein eigener Kerkermeister oder sein eigener Befreier.

Ihr werdet erkennen, wie wichtig es ist, Selbstkontrolle und Selbstdisziplin zu erlernen, um sich vollkommener Gesundheit zu erfreuen und ein geordnetes Leben in Harmonie und Schönheit zu verbringen. Der erste Schritt auf dem Pfad der Höherentwicklung ist für jede Seele die Selbstdisziplin. Disziplin heißt strikte Einhaltung der göttlichen Gesetze. Gott selbst ist das Gesetz. Gott hat jedem Menschen das Verständnis hierfür gegeben. Jede Seele hat Zutritt zu diesem inneren Wissen. Gott hat die leise innere Stimme in jedes Geschöpf gepflanzt. Der Mensch auf seiner gegenwärtigen Entwicklungsstufe aber zieht es vor, nicht hinzuhören. Würde jeder der Stimme Gottes Gehör schenken – die Menschheit wäre gerettet. Das tönt altmodisch, doch es ist der Schlüssel zur Wahrheit, denn in jener leisen inneren Stimme liegt die schöpferische Kraft der Liebe.

Könnt ihr Liebe definieren? Wenn *wir* an Liebe denken, fühlen wir im selben Moment den Wunsch zu geben, ein Verströmen an euch und an alles Leben. Lieben heißt geben. Wenn man liebt, ist es, als ob man aus sich herausginge, sich verströmen wolle, um zu helfen, um zu dienen.

Doch so, wie man nicht ausatmen kann, ohne wieder einzuatmen, kann man auch nicht Liebe schenken, ohne Liebe zu empfangen. Die Liebe ist wie ein Aus- und Einatmen. Sie ist ein Licht, das tief im Inneren leuchtet, ist Wärme, Sicherheit und inneres Wissen. Jedesmal, wenn ihr nicht in Liebe handelt, redet und denkt, seid ihr unglücklich, weil ihr außerhalb der Harmonie steht. Der irdische Verstand wird das kaum zugeben wollen und geht bis zum extremen Standpunkt, um sich zu rechtfertigen. Doch das innere Selbst weiß genau, daß es aus der Harmonie fällt, wenn es kein Gefühl der Liebe empfindet. Liebe ist Gott und Gott wird im Herzen gefunden. Wenn keine Liebe da ist, tappt ihr im Ungewissen, kennt nicht den Begriff Gott, und Gott bleibt ein Mysterium.

Die Heiligen aller Zeiten, nicht nur die von gestern, sondern auch die von heute, haben alle einen gewissen Grad geistiger Reife erreicht, wodurch sie die Liebe nicht nur verstehen, sondern in ihrem Wesen Liebe sind, die sich im Dienen ausdrückt, im Dienst am Leben und damit im Dienst am ganzen Universum. Durch die Liebe hat der Heilige Meisterschaft über sich errungen, ebenso über die Kräfte oder die unsichtbaren Strahlen, die unaufhörlich alles Leben beeinflussen.

Das ganze Universum ist von diesen unsichtbaren Strahlen oder Kraftschwingungen erfüllt. Man kann sie im aufbauenden, konstruktiven Sinn oder im niederreißenden, zerstörenden Sinn verwenden. Sind sie konstruktiv, nennt man sie gut, sind sie zerstörend, nennt man sie böse. Mit der Kraft, welche die Liebe einem Meister verleiht, kann er diese Strahlen zum Guten lenken, um das Gleichgewicht wiederherzustellen. Habt ihr je an die lebenswichtige Notwendigkeit gedacht, daß das Gleichgewicht gehalten werden muß? Ist es gestört, auch in eurer materiellen Welt, dann herrscht Chaos.

Kommt nun mit Hilfe eurer Vorstellungskraft in die Welt des Lichtes, in den Tempel, der durch treue und liebevolle Herzen, im Glauben an Gott den Schöpfer, erbaut wurde. Wir befinden uns hier in der Nähe erleuchteter Wesen, der Heiligen aller Zeiten. Wir schulden ihnen Dank für ihren Dienst, denn sie erheben langsam, aber sicher, die gesamte Schöpfung in einen Zustand, in dem alle Geschöpfe zu Kindern des Lichtes werden. Der Weg des Dienens wird uns allen gezeigt, ob wir inkarnierte oder nicht inkarnierte Wesen sind. Dieser leuchtende Pfad des Dienens liegt vor uns.

Wir können nicht eure Arbeit tun, sowenig wie ein anderer *euren* Beitrag zum Dienst am Leben leisten könnte. Jeder hat etwas ganz Spezifisches zur Schöpfung Gottes beizutragen. Ihr seid Bauleute und Mitarbeiter des Schöpfers. Was auch immer eure Arbeit ist – tut sie so gut wie irgend möglich. Solltet ihr euch frustriert und eingeengt fühlen, kann jeder sich mit Hilfe des göttlichen Gesetzes befreien. Das gilt für alle Aspekte des Lebens – für Gesundheit, häusliche Belange, materielle und seelische Angelegenheiten. All dies läßt sich erneuern, wenn ihr dem Christuslicht in und um euch treu bleibt. Gott segne euch alle. Ihr seid nicht allein, denn euer Schutzengel hilft euch in allen euren Bemühungen.

Die Bruderschaft von Menschen und Engeln

Wir möchten euch von einer Bruderschaft berichten, jener großen Bruderschaft, die zwischen Engelwesen und Menschen existiert, aber nur von wenigen erkannt und verstanden wird. Bei der Bezeichnung »Bruderschaft der Menschen« denkt man sofort an soziale Gleichmacherei, an das Zusammenlegen irdischer Güter und deren gleichmäßige Verteilung. Dies aber ist nicht, was *wir* meinen, wenn wir von Bruderschaft sprechen.

Alle Menschen sind geistig miteinander verwandt, sind Schwestern und Brüder, denn alle wurden im Anbeginn der Zeit vom LOGOS als Lebensfunken ausgesandt. Alle sind von gleicher Grundsubstanz, alle sind Kinder des einen göttlichen Elternpaares, und in diesem Sinne ist kein Mensch größer oder wichtiger als sein Bruder.

Die nicht inkarnierten geistigen Führer und Lehrer, die auf dem Entwicklungspfad ein wenig höher stehen, schauen hinunter auf den Kampfplatz des Lebens. Sie sehen nicht die Uniform des einzelnen, der gegen seinen Bruder kämpft, sondern die Seele und den Geist innerhalb der äußeren Schale. Sie erblicken die Seele in ihrer Strahlkraft. Sie haben volles Verständnis für des Menschen Nöte und Schwächen, die das Los einer jeden Seele sind, und sie wissen, daß im Verlaufe der Höherentwicklung alle dereinst stark, strahlend und siegreich aus den Schwierigkeiten und Konflikten des Erdenlebens hervorgehen werden.

Der Geist des Menschen, der mit göttlicher Energie geladene Lebensfunke, der vom LOGOS ausgesandt wurde, steigt durch die verschiedenen Bewußtseinsebenen hinab, bis er zuletzt die unterste, die physische Ebene erreicht. Während dieser Reise erschafft er sich das Gewand, den Leib oder den Tempel, den wir seine Seele nennen. Auf diesem Weg, dem absteigenden Bogen des Kreises, sammelt der Geist Erfahrungen und wird individualisiert, wird zum Einzelwesen. In seiner dichtesten Form scheint er gänzlich in Selbstsucht unterzutauchen, in eine Persönlichkeit, die in ihrer Wachstumsanstrengung zu dem wird, was ihr einen Egoisten nennt. Auch das hat seinen Sinn, denn letztendlich wird hierdurch die Seele zum Wachstum angeregt. Doch in ihrer tiefsten Tiefe, eingehüllt in das Selbst, sucht die Seele, wie es das Tier tut, lediglich das eigene Vergnügen und die eigene Macht.

Doch im Verlauf ihrer Entwicklung, wenn die Seele anfängt, das Licht, das von Gott auf sie einstrahlt, aufzunehmen, wendet sie sich, um wieder emporzusteigen. Wie ein Unterseeboot, das, nachdem es den Meeresgrund erreicht hat, allmählich wieder zur Meeresoberfläche auftaucht, so klettert die Seele von der Tiefe des Materialismus erneut zum Licht empor. Hülle um Hülle von Erdhaftigkeit und Selbstsucht wird abgestreift, wenn die wahre Natur sich zu regen beginnt und Seele und Geist vorwärts drängen, um jenes strahlende Wesen zu werden, das Gott ursprünglich plante.

Die Talente, mit denen der Gottesfunke ausgestattet wurde, als er aus dem Herzen des LOGOS hervorging, sind nicht für immer verschüttet. Die Seele steigt durch die Sphären des Lichtes in dem Maße empor, in dem sie es lernt, diese Talente einzusetzen. Diese Sphären des Lichtes befinden sich nicht unbedingt außerhalb der Reichweite des inkarnierten Menschen, denn sie können ihm zugänglich sein, während er noch im physischen Körper lebt. Alles ist eine Frage der Entwicklung. Der Mensch, der wach genug geworden ist, um mehrere Lagen des irdischen Verstandes und der irdischen Gewohnheiten abzulegen, und nicht länger durch animalische Instinkte gefesselt ist, beginnt, sich der inneren Welten von Licht und Schönheit bewußt zu werden, Welten, die er sich zuvor nicht erträumen konnte. Dann ist er von einem einzigen großen Wunsch beseelt – dem Wunsch, Gott zu dienen, denn eine erwachende Seele hat einen Blick in die Herrlichkeiten der Gotteswelt getan.

Dann endlich *weiß* er, denn sein Geist sagt ihm mit klarer Stimme, daß er nur im Dienen Gott wahrhaft verehren kann. Er weiß, daß er, um Gott nahe zu kommen, den Scharen von Engelwesen bei ihrer Arbeit helfen darf und soll. Mit anderen Worten gesagt, er muß der Sache der Bruderschaft dienen, die Entwicklung fördern, muß alle Menschen als Brüder erkennen, wohl wissend, daß der Kamerad an seiner Seite demselben Pfad folgt, das gleiche Ziel hat wie er. Alle gehen denselben Weg. So drängt er voran als einer aus der großen Armee jener, die bereits im Licht sind. Nicht länger wird er seinen Bruder niederdrücken, während er schwimmt, denn er weiß, daß dieser mit geistigen Fäden an ihn geknüpft ist – und wenn der Bruder fällt – geht er mit ihm unter. Nach demselben Gesetz muß ein Land, das seinen Nachbarstaat mißbraucht, letztlich mit diesem untergehen.

Das göttliche Licht bringt somit einer jeden Seele das Wissen um die Bruderschaft aller Menschen. Wenn diese Erkenntnis dämmert, wird jeder selbstsüchtige Ehrgeiz und jeder egoistische Wunsch schlußendlich abgelegt. Die Seele hat nur noch den einen Gedanken, das eine Ideal – das gemeinsame Wohl aller. Hier mögt ihr einwenden: »Bedeutet das nicht ein Aufgeben, ja ein Auslöschen der Persönlichkeit?« Nein, es bedeutet nicht das Verschwinden des persönlichen Ichs – vielmehr dessen Erweiterung. Wenn der Mensch einmal sich ganz hingibt, sein ganzes Sein, dann – statt sie zu verlieren – gewinnt er die ganze Welt. Dann erweitert er sein persönliches Bewußtsein in das kosmische Bewußtsein, ja sogar in das Christusbewußtsein. Dann wird er EINS mit dem großen, weißen LICHT, EINS mit der ganzen Schöpfung.

Hat einmal der Mensch sein Antlitz den Sphären des Lichtes zugewandt, die sowohl in ihm als auch außerhalb sind, dann beginnt er, zum »Visionär«, zum »Seher« zu werden. Befreit von der Langeweile des niederen Verstandes, wird sein Sehvermögen erweitert, sein Hörvermögen geschärft. Er dringt in unbekannte Sphären vor und registriert mit seinen sensibilisierten Sinnen Wellen aus dem Hör- und Sehbereich, die kein materielles Instrument messen kann. Als »Sensitiver« registriert er diese Licht- und Tonwellen und wird sich einer ganz neuen Welt bewußt. Seine Seele ist wie ein Schmetterling, der sich aus seinem Kokon befreit.

Denke nicht, daß ein solch herrliches Erwachen sich erst dann ereignet, wenn du deinen Körper abgelegt hast. Wenn dein eigener Geist dem Christusgeist genügend nahe gekommen ist, wirst du jene bisher unsichtbaren geistigen Welten wahrnehmen können.

So wirst du dir unter anderem eines Lebens bewußt, das innerhalb der Naturreiche existiert. Es sind Lebensströme, die parallel zur Menschheitsentwicklung verlaufen und mit ihr zusammenarbeiten – Naturgeister, die nicht nur in Bilderbüchern für Kinder vorkommen, vielmehr Wirklichkeit sind und innerhalb des großen Entwicklungsplanes Gottes ihren eigenen Zweck und Sinn haben. Diese Naturgeister beschäftigen sich unter anderem mit dem Auf- und Niedersteigen der Lebenskräfte innerhalb von Pflanzen und Bäumen. Wären deine Augen geöffnet, du würdest solche Geister in fröhlich rauschenden, plätschernden Bächen sehen können. Es sind glitzernde Wassergeister, die Nymphen und Nixen. Du könntest auch Sylphen oder Luftgeister mit ausgebreiteten Flügeln sehen, oder Salamander, die Feuergeister inmitten eines flammenden Feuers.

Alle physischen Manifestationen des Lebens tragen in sich ein geistiges Gegenstück. Seid nicht so selbstherrlich, meine Freunde; warum sollte der Mensch das einzige beseelte Wesen auf der Erdensphäre sein und alle anderen Formen nur leere Hüllen? Wenn ihr glaubt, daß der Mensch ein in einen Fleischesleib gehüllter Geist ist, dann müßt ihr auch dem Pflanzen- und Tierreich unsichtbares Leben zubilligen.

Einige dieser Naturgeister werden sich allmählich zur Himmelswelt emporentwickeln. Sie sind eine Parallelentwicklung zu derjenigen des Menschen. So wie der Mensch letztlich göttlich wird, so entwickeln sich gewisse Naturgeister von Gnomen, Elfen und Sylphen zu Engelwesen. In dieser Gestalt spielen sie eine wichtige Rolle im Menschenreich.

Ihr neigt dazu, den Geist verstorbener Menschen mit Engelwesen zu verwechseln, doch da begeht ihr einen Fehler. Die Engel entstammen einer anderen Entwicklungslinie als der

Mensch, obgleich die Engel eng mit den Menschen verbunden sind und ihnen in ihrer Arbeit und in ihrem Erdenleben helfen. Schon immer ging der Mensch zusammen mit den Engeln auf dem Erdenpfad, und die Menschheit, ob sie es weiß oder nicht, lebte zu allen Zeiten unter der Obhut von Gottes Engeln. Nicht einer von euch geht den Weg allein. Vom Moment der Geburt bis zum Tod seid ihr von einem Schutzengel bewacht, der für diese Aufgabe ernannt wurde.

Schutzengel und geistige Führer sind nicht ein und dasselbe. Euer Führer entstammt der Evolutionslinie der Menschen, euer Schutzengel derjenigen der parallelen Entwicklung der Naturgeister. Sollen wir den Schutzengel den Wächter des Gesetzes nennen? Er ist ein Hüter des karmischen Gesetzes, das alles Leben regiert. Spricht nicht die Bibel von einem Engel, der alles aufzeichnet? Ihr modernen Menschen habt diese Idee als Unsinn abgetan. Doch glaubt uns, meine Freunde, der Engel der Chronik existiert wirklich, doch nicht in der allzu menschlichen Gestalt des Engels mit dem Buch des Lebens in der Hand. Die Hüter des Gesetzes überwachen, lenken und registrieren die Auswirkungen des Karmas, das Gesetz von Ursache und Wirkung.

Die Idee des Engels als ein geflügeltes Wesen ist nicht so abwegig, wie ihr glaubt. Der im Halbdunkel und im Gefängnis seines Körpers lebende Mensch hat nur eine geringe Ahnung von der Herrlichkeit eines Engels. Ein unbeschreiblich glanzvolles Licht strahlt von der Gestalt eines solchen Wesens aus, besonders vom Scheitel des Hauptes. Es ist eine Strahlung, die wie Flügel aus Licht anzusehen ist. Die großen Engel, die als Boten aus der Christussphäre der Himmel den Menschen erscheinen, kommen in einem solchen Licht. Wir sprechen in voller Kenntnis der Tatsachen, wenn wir sagen, daß jenseits des dunklen Schleiers der irdischen Welt Engelwesen aus den Himmeln die Seelen der Menschenkinder betreuen.

Als Petrus gefangensaß, sandte Gott einen Engel zu seiner Befreiung, und die Ketten, die ihn fesselten, fielen ab. Dann berührte ihn der Engel und sagte: »Folge mir«, und der Jünger folgte ihm. Auch du mußt es erlernen, wachsam zu sein und bereit, dem Engel des Herrn zu folgen oder der Stimme der Wahrheit zu gehorchen. Dann wirst du wie Petrus vom irdischen Gefängnis erlöst und findest dich wieder in einer Welt der Freiheit.

Jene Engelwesen, von denen wir reden, haben nie die Erfahrung einer menschlichen Inkarnation gemacht. Sie sind auch nicht in der Lage, dem Menschen sehr nahe zu treten, bis dieser gelernt hat, seine Gefühle zu beherrschen. Wenn einmal Emotionen und Leidenschaften unter Kontrolle sind und der Friede des inneren Christus die Seele regiert, dann kann der Schutzengel tatsächlich sehr nahe kommen und ein menschliches Leben schützen, leiten und mit Licht erfüllen. Oh, wären wir doch in der Lage, die Schönheit und die Hilfe zu schildern, die der Mensch erhalten kann und eines Tages auch erhalten wird von den Engelwesen, deren Aufgabe es ist, ihm auf dem Pfad der Entwicklung wie auch in seinem Dienst am Mitmenschen zu helfen.

Möge Gott euch segnen, meine Freunde, und euch die Kraft verleihen, das Wunder Seines Universums zu begreifen. Mögt ihr den Pfad eurer täglichen Pflichten beschreiten in der Gewißheit, daß ihr die Kameradschaft und Liebe, die Führung und Mitarbeit der Engel erfahren dürft. So könnt ihr Frieden finden, den Frieden der von irdischer Angst und Gebundenheit befreiten Seele.

Die Engel-Hierarchien

Viele von euch sind sich der Liebe und Führung bewußt, die euch von Freunden und Lehrern aus höheren Welten zuteil wird, die sich, um der Menschheit zu dienen, euch zugesellen. Aber nur wenige wissen um Ausmaß, Erhabenheit und Vielfalt jener himmlischen Scharen, die sich um das Leben auf der irdischen Ebene kümmern. Ihr habt vielleicht eine vage Vorstellung von Devas und Engeln und habt euch gefragt, ob diese wirklich existieren und welchen Aufgaben sie sich widmen. Ihr habt auch von der Hierarchie gehört, die den Lebensplan und die geistige Entwicklung der Menschheit überwacht. Im Folgenden bemühen wir uns, euch die beiden mächtigen Organisationen zu beschreiben, um euch einen besseren Einblick in den Plan der Evolution zu gewähren.

Mit der *Entfaltung des geistigen Bewußtseins im Menschen* befassen sich auf der einen Seite die älteren Brüder und Meister, während auf der anderen Seite die Hierarchien der Engelwesen mit *der Entwicklung und der Formung der Gestalt* betraut worden sind.

So werdet ihr erkennen, daß die Engel sich mit der Gestaltung von Körpern oder Seelenträgern in allen Naturbereichen befassen. Andererseits kümmern sich die Meister und noch höhere Wesen um die Entfaltung des Gottesbewußtseins innerhalb der Formen. Der Schöpfungsplan bedarf der engsten Zusammenarbeit und des Ineinandergreifens dieser beiden Hierarchien. Eine Trennung zwischen Engeln und Menschenwesen ist undenkbar. Unter Umständen kann eine Menschenseele, die bis zur Grenze der Befreiung von materieller Form und physischem Leben vorgedrungen ist, sogar in den Evolutionszweig der Engelwesen hinüberwechseln, um dort zu wirken. Umgekehrt sind Engelwesen von Zeit zu Zeit eine enge Verbindung mit der menschlichen Familie eingegangen.

Manche von euch haben ohne Zweifel aus den Legenden der Alten gehört, daß eine Vereinigung zwischen Engeln und Menschen möglich sei. Der englische Magier Merlin, so berichtet eine dieser Legenden, war das Kind einer solchen Verbindung. Dieses Beispiel veranschaulicht, was wir meinen. Unsterbliche Wesen können sich zu einem ganz bestimmten Zweck mit den Erdenmenschen verbinden; das gilt aber nur für jene, die eine besonders hohe Mission zu erfüllen haben.

Eure Welt ist sehr dunkel im Vergleich mit den Reichen des Lichtes und der Schönheit jenseits der Erde. Keiner kann sich auch nur die geringste Vorstellung von der Größe und Schönheit des göttlichen Planes machen, und keiner von euch hat eine Ahnung von dem Leben, das sich auf anderen Planeten entfaltet und eng verknüpft ist mit der Schöpfung und Entwicklung der Erde. Von diesen geistigen oder »heiligen Planeten«, wie einige sie nennen, kommen Engel, um bei der Entwicklung irdischer Formen mitzuwirken.

So kamen Engelwesen von der Venus auf die Erde, um in den Anfängen speziell bei der Entwicklung der verschiedenen Lebensformen mitzuhelfen. Zu einem späteren Zeitpunkt kamen menschliche Wesen, die zuvor auf einem anderen Planeten einen gewissen Entwicklungsstand erreicht hatten, und inkarnierten auf der Erde, um ihren jüngeren, noch weniger entwickelten irdischen Geschwistern zu helfen.

Somit waren es damals gleich zwei Arten von Wesen, die sich um die Weiterentwicklung irdischen Lebens bemühten: Zum einen die Engel oder großen planetarischen Wesen, auch Götter genannt, zum anderen jene »Gottmenschen«, die im Sinne menschlicher Entwicklung weiter voran waren.

Schon oft haben wir von den drei Wesenheiten, der Trinität, gesprochen, die von Anfang an da war und die sich ausschließlich mit diesem Sonnensystem und mit der Evolution des Planeten Erde befaßt. Am besten begreift man sie als die drei Aspekte Weisheit – Liebe – Macht. Diese sind die DREI, von denen alles Leben stammt, die drei ersten oder primären Lebensstrahlen. Auf einem dieser Strahlen kommen die Engel des Dienens, die sich dem in Form gekleideten Leben in allen Reichen der Natur widmen.

Pulsierendes Leben und Wachstum existieren nicht nur im Tier- und Pflanzenreich, sondern auch im Mineralreich. Da gibt es jene, die man »Elementarwesen« nennt, die unter der Leitung von Engeln, jedes auf seine eigene Weise, bei der Evolution und dem Wachstum von Gestein und Mineralien mithelfen. Sie sind Werkzeuge auf der unsichtbaren Ebene, um Lebenskräfte weiterzuleiten. Diese kleinsten Lebensformen im Mineralreich sind die Träger der feinsten und delikatesten Wachstums- und Lebenskräfte.

Dasselbe gilt für das Pflanzenreich. Ihr, die ihr Blumen liebt und Pflanzen besorgt, wißt, daß planetarische Einflüsse das Wachstum von Blumen und Kräutern regeln, und könnt manches tun, um den Naturgeistern und Elfen bei ihrer Arbeit zu helfen. Diese Wesen stehen direkt unter dem Einfluß von Engeln, die sich mit der Entwicklung von Gestalt und Wachstum auf der Erde befassen. Große Fortschritte werden erzielt, wenn Landwirte und Gärtner planetarische Einflüsse auf das Pflanzenwachstum zu verstehen beginnen. Es ist für den Landwirt und Gärtner durchaus möglich, sich mit den Engelwesen und Devas in Einklang zu bringen, um, mit diesen in Partnerschaft, das feinste und beste Resultat zu erzielen.

Wir möchten euch von der Weisheit der älteren Brüder, jener hohen Wesen, welchen das Leben auf der Erde am Herzen liegt, überzeugen. Ihr seht das Chaos in der Welt. Euch erscheint das Menschenleben sturmgepeitscht, und ihr fragt euch, wie das alles enden wird. Hinter jedem Bereich menschlichen Lebens, hinter Staatsmännern und Regierungen stehen größere Geister, die sich um die Evolution des Menschengeschlechtes bemühen. Wenn ihr von Geschehnissen hört, die euch als Katastrophen erscheinen, dann seid euch bewußt, daß sogar hier der Meister am Werk ist, wie ein Gärtner mit seiner Baumschere. Natürlich habt ihr tiefes Mitgefühl für die Opfer, doch wißt, daß die Meister und Engel für die Leidenden ein viel größeres Mitgefühl haben, als ihr je begreifen könnt. Deshalb bewahrt eure innere Ruhe und seid euch in allem und zu jeder Zeit der Realität der himmlischen Scharen hinter den Geschehnissen bewußt, deren Ziel es ist, die Menschheit zur Vollkommenheit zu führen.

Eine gewisse Gruppe von Engeln befaßt sich ausschließlich mit dem Wesen der Dinge, mit den spezifischen Fähigkeiten sowohl der menschlichen Seele als auch der Seele des Universums. Göttliche Eigenschaften wie Liebe werden von den Engeln der Liebe betreut, göttliche Wahrheit von den Engeln der Wahrheit, göttliche Gnade von den Engeln der Gnade. Diese Engelwesen sind tatsächlich aus Seeleneigenschaften erschaffen, und manchmal nehmen sie Menschengestalt an oder tragen zumindest ein menschliches Antlitz. Hierin liegt eine große Wahrheit. Gott schuf den Menschen nach seinem Ebenbild. Es scheint, daß die menschliche Gestalt eine Idealform ist, durch welche sich Gott auf Erden manifestieren kann. Durch Christus wurde der Menschheit die vollkommenste Manifestation vor Augen geführt, das höchste Idealbild Gottes in Menschengestalt. Alle Wesen im Reiche der Naturgeister und in den Engelwelten, ja sogar in gewissem Grade die Planetenwesen, nehmen diese gleiche Form an.

O meine Freunde, könnte die Menschheit

doch begreifen, wie bedeutsam es ist, daß Mann und Frau nach dem Bildnis von VATER-GOTT respektive MUTTER-GOTT erschaffen sind. Könnt ihr denn nicht die große Bedeutung der innewohnenden Göttlichkeit im Menschen erkennen? Besinnt euch darauf, wenn ihr die scheinbare Erniedrigung des Mitmenschen betrachtet. Statt diesen zu verdammen, solltet ihr eigentlich das göttliche Antlitz im Bruder und in der Schwester verehren.

Eines der ältesten Symbole, die man auf Steinskulpturen in allen Teilen der Erde gefunden hat, ist das Kreuz mit dem Kreis. Es symbolisiert den Menschen im Universum, der über den Kreis hinausreicht, um zu geben. Es ist das Symbol des Christusmenschen, des vollendeten Menschen in seiner Stellung der Hingabe und des Gebens, geborgen im Kreis der universellen Liebe. Aus seinem Herzen erblüht die Rose der Liebe. In der Kreuzform angedeutet sind auch die vier Quadranten, welche die vier großen Götter oder Engel der vier Elemente symbolisieren.

Es sind die vier großen Wesen der Hierarchie an der Spitze des Evolutionsplanes für diese Welt – die vier großen »Herren des Karmas« (Lords of Karma). Unter diesen Lords of Karma wirken noch weitere »Regenten«. Sie stehen auf der Skala der Evolution auf verschiedenen Stufen. Es gibt Lords für das Weltkarma und das nationale Karma, wie auch für Gruppenkarma und für individuelles Karma. Diese großen Wesenheiten halten sogar die Erdkruste in ihrer Obhut und unter ihrem Willen, ihrer Weisheit und Macht. Eure Wissenschaftler mögen der Ansicht sein, daß alles von Naturgesetzen abhänge. Das ist wohl der Fall, aber es ist nicht die ganze Wahrheit. Hinter den Naturgesetzen und ihren Auswirkungen, hinter den Katastrophen eures Planeten stehen hohe Intelligenzen – die Gärtner mit der Baumschere –, die Lords of Karma. Solche Ereignisse unterstehen ihrer Weisheit und ihrem Willen und sind ein Teil des großen Planes, der das Wachstum und die Entwicklung der Menschenseele im Auge hat und hierfür riesige Zeitzyklen benötigt.

In diesem Zusammenhang möchten wir erwähnen, daß Engel, die während einer Heilbehandlung anwesend sind, nicht nur mit dem jetzigen Leben eines Patienten und mit dem Heilen seiner derzeitigen Krankheit beschäftigt sind. Große Liebe und tiefes Mitgefühl für ihre jüngeren Brüder erfüllt sie, doch sie beachten neben der individuellen Behandlung auch den großen Bauplan. Wenn die Engel mithelfen, den physischen Leib zu reinigen und zu heilen, dann tun sie mehr als dies. Sie wirken kreativ, denn sie weben geistige Kräfte des Lichtes in die feinstofflichen Körper und in den physischen Leib – Kräfte, die dazu dienen, langsam, aber stetig die menschliche Form für die zukünftige Rasse vorzubereiten und zu erschaffen. Hieraus mögt ihr ersehen, wie wunderbar der Plan Gottes für die Entwicklung des Menschen auf Erden ist.

Denkt nicht, der menschliche Entwicklungsstrom sei der einzige oder sogar der beste Lebensstrom. Und seid euch gleichzeitig bewußt, daß in Tausenden von Jahren – in einer unvorstellbar fernen Zukunft – der einfache Herr Müller, die schlichte Frau Meier sich zu Gottmenschen entwickeln können, um gemeinsam mit den Engeln auf einem anderen Planeten vollkommeneres Leben zu erschaffen. Welch ein Ausblick ewigen Fortschritts liegt vor euch! Deshalb sagen wir: Versäumt keine Gelegenheit, eure Seele zu erheben, ihre Schwingung zu erhöhen, damit sie Hand in Hand mit den Engeln einer Zukunft entgegengehen kann, die sich kaum erträumen läßt.

In Harmonie mit allem Leben

Man sagt von gewissen Leuten, sie hätten »grüne Daumen«. Ihre harmonische Schwingung zieht eine große Schar Naturgeister an. Sie wecken deren Interesse und können diese kleinen Wesen zur Mitarbeit gewinnen. Andere Menschen haben diesen Aspekt ihres Wesens nicht entwickelt. Sie mögen der Meinung sein, daß sie Blumen lieben, was bis zu einem gewissen Grad auch stimmen mag. Liebe aber beinhaltet unbeirrbares Dienen. Pflanzliches Leben wirklich lieben heißt, sich mit diesem Lebensstrom in Harmonie zu bringen. Nicht alle sind dazu fähig, weil sie zur Zeit andere Seiten ihrer siebenfachen Gottnatur zu entfalten haben. Der vollkommen gewordene Mensch hingegen ist Herr der Naturreiche und besitzt die Gabe, die Naturgeister zum Helfen und Dienen aufzurufen.

Liebt eure Blumen, meine Freunde. Sprecht zu ihnen. Sprecht auch mit Bruder Baum. Der Indianer hielt Zwiesprache mit dem Geist der Bäume, den dahineilenden Bächen und Strömen. Er sprach mit dem Großen Geist des Berges – ihm war alles Leben Ausdruck des Großen Weißen Geistes.

Seid freundlich mit den Gänseblümchen, mit

den Blumen am Wegrand, ja mit jedem Grashalm. Versucht euch als Bruder jeder lebendigen Kreatur zu fühlen. Sogar das Mineralreich ist mit göttlichem Leben erfüllt, und jeder Stein am Wegrand schwingt mit dem Licht und dem Leben, das er mit allen Pflanzen teilt. Wäre euer inneres Auge geöffnet, ihr würdet die Schwingungen der Bäume und Blumen eures Gartens farbig und lebendig pulsierend erleben.

Die ganze Erde ist durchdrungen von dem göttlichen Feuer des Lebens, auch Liebe genannt, das als das eigentliche Leben in allem bezeichnet werden kann. Sogar in Metallen, Erzen, Mineralien und anderer »toter« Materie ist göttliches Feuer, das der Hellsehende als winzige pulsierende Lichtfünkchen erkennt. Göttliches Leben pulsiert in aller Natur.

Die Naturgeister bringen den Blumen die Farbe, indem sie über den Hauptstengel der Pflanze arbeiten und je nach Art und Pflanzengattung ihre eigene Essenz dazugeben. Anders gesagt: die Blume nimmt die Farbe des mit ihr arbeitenden Naturgeistes an. Die Essenz, die Bewußtseinsqualität des die Pflanze betreuenden Wesens findet ihren Ausdruck in Form und Farbe der Blüte. Könntet ihr mit »offenen« Augen einen Baum betrachten, ihr würdet mehr sehen als nur Stamm, Äste und Blätter. Ihr würdet dann sehen, wie das göttliche Feuer vom Erdreich und Wurzelstock den Stamm emporlodert, um sein Licht in alle Äste und Blätter zu verteilen. Das geschieht in besonders starkem Maße jedes Frühjahr. Dieses göttliche Feuer leuchtet nicht nur in der Atmosphäre, in den Sonnenstrahlen, sondern auch in der Erde und in der gesamten Natur.

Nicht nur vibriert die innere oder ätherische Welt in Farben, Tönen und Düften, sondern sie ist gleichzeitig auch von den Strahlen der Planeten durchflutet. Gewisse Teile und Organe eures Körpers schwingen in Harmonie mit bestimmten Planeten, denn jeder Planet hat seine Entsprechung im menschlichen Wesen. Versucht diese Schwingungen besser zu verstehen und intensiver zu empfangen, zu empfinden. Habt ihr einmal gelernt, in harmonischer Übereinstimmung mit allem Leben zu schwingen, dann seid ihr Meister geworden.

Wir möchten euch so gerne aus eurer persönlichen Sphäre heraus- und emporziehen – jenseits der Begrenzungen des heutigen Erdenbewußtseins – hinein in das Leben der Ewigkeit. Gebraucht eure göttliche Vorstellungsgabe und kommt mit uns in einen Tempel, wo wir alle vor dem Altar niederknien. Ein Strahl goldenen

Sonnenlichtes durchflutet den Tempel. Könnt ihr sehen, daß dieser goldene Lebensstrom mehr ist als Sonnenlicht? Schaut genau hin – es ist das Leben selbst, mit Lebensessenz geladen, mit winzigen Lebensfünkchen, die im Raum wirbeln. Jetzt sehen wir diese winzigen Fünkchen sich in niederen Lebensformen manifestieren, und es kommt uns zum Bewußtsein, wie stark wir mit diesen Lebensfunken, mit unseren jüngeren Brüdern des Mineral-, Pflanzen- und Tierreiches verbunden sind …

Betrachtet diesen goldenen Lebensstrom, versenkt euch darin und horcht auf die Sphärenmusik des geistigen Lebens. Horcht hin, und ihr spürt ihre Harmonie in euren Herzen widerhallen. *Horcht tief innerlich hin …*

Ihr seid nun eingehüllt in eine Farbenharmonie zartester Tönung. Ihr seid in der geistigen Welt, und ungezählte Wesen in der Strahlenpracht geistigen Sonnenlichts bewegen sich um euch. An ihren besonderen Farben und ihrer speziellen Harmonie erkennen wir planetarische Engel, die mit uns und in uns wirken. Jeder muß lernen, den Einfluß desjenigen Engels zu erkennen, der in seinem gegenwärtigen Leben am stärksten mit ihm verbunden ist. Auf diese Weise werden wir zu einem besseren Kanal im Dienst an unseren jüngeren Brüdern. Auf einer höheren Ebene zieht jeder diejenigen planetarischen Engel an, deren besondere Hilfe seine Seele in der jeweiligen Inkarnation benötigt. Wenn die Chakras, die Seelenfenster des Menschen, lebendiger und leuchtender werden, dann beginnt die Menschheit, bewußt und mit intelligentem Verständnis auf den Einfluß dieser Planetenengel anzusprechen. Ist dies zur allgemeinen Gewohnheit geworden, wird ein neues goldenes Zeitalter anbrechen.

Je nach Ort und Zeit deiner Geburt wurdest du – das Ego – an bestimmte Planeten stärker gebunden als an andere. Lehrer von diesen Planeten sind in Kontakt mit deinem höheren Selbst. Das wurde lange vor deiner Zeugung angeordnet. Vor der Geburt eines Kindes werden spezifische, magnetische und geistige Ströme zu den ausgewählten Eltern geleitet. Diese Ströme sind mit jenen planetarischen Kräften verbunden, welche die Seele des neuen Erdenbürgers beeinflussen sollen. Das Bindeglied, das Kind und Eltern zusammenbringt, wurde in vergangenen Leben geschmiedet. Die Seele wird unter der Weisung der »Lords of Karma« von den himmlischen Ebenen auf die Erde gesandt.

Mit den »sieben Engeln um den Thron Gottes« in der Offenbarung des Johannes sind die planetarischen Wesen gemeint – die großen Wächter der Flamme –, die alle zur Inkarnation bereiten Seelen in ihrer Obhut haben. Jede Seele kehrt mit den ihr entsprechenden planetarischen Kräften ausgerüstet in eine neue Inkarnation zurück.

Gewisse vorherrschende Einflüsse durchdringen das Leben und gestalten die Umweltbedingungen der inkarnierenden Seele. Außer diesen Kräften ist noch eine weit höhere Macht am Werk, eine heilige Flamme, die heller leuchtet als alle das Ego beeinflussenden planetarischen Strahlen. Diese helle Flamme ist der Mittelpunkt des menschlichen Wesens, die Sonne, das Göttliche in seinem Herzen. Wenn im Laufe der geistigen Höherentwicklung die Leuchtkraft des Herz-Zentrums zunimmt, werden Engel von jedem Planeten sich der Seele annehmen, um ihr auf ihrem Entwicklungspfad zu helfen.

Wenig wißt ihr von der gewaltigen Organisation des geistigen Lebens. Wenn der große Meister sagt: »Werden nicht fünf Sperlinge für zwei Pfennige verkauft und keiner fällt ohne Gottes Wissen vom Dach, ja auch die Haare auf eurem Haupt sind gezählt« – dann ist dies keine Übertreibung. Das Leben ist derart vollkommen geplant, daß jeder Schritt bemerkt und registriert wird. Registriert werden nicht nur eure Taten, sondern auch euer Bestreben und eure Gedanken. Registriert werden aber auch alle Auswirkungen von Gedanken und Handlungen, die jene beeinflussen, die euren Lebenspfad immer wieder kreuzen.

Der physische Körper wird unter der Aufsicht planetarischer Engel aufgebaut und durch planetarische Beeinflussung gestaltet. Jede Krankheit des Leibes kann auf planetarische – daher auch karmische – Beeinflussung zurückgeführt werden. Jedes Tierkreiszeichen korrespondiert mit einem Teil des physischen Körpers, und jeder Planet hat eine Entsprechung mit dem einen oder anderen der feinstofflichen Körper des Menschen. Und wiederum ist jeder dieser feinstofflichen Körper einem der sieben Chakras zugeordnet, d. h. an dieses gebunden.

Diese inneren Wahrheiten um die planetarischen Engel und um die Kräfte, die auf die Seele wirken, waren den Weisen in alten Zeiten durchaus bekannt. Zu Beginn des Lebens auf der Erde waren diese planetarischen Engelwesen den damaligen Menschen sichtbar. Sie wurden als Gottmenschen – als Gottgesandte verehrt. Als sich der Mensch mehr und mehr in die Finsternis der Materie verlor, entschwand die Hierarchie der Engel aus seinem Gesichtsfeld.

Ist er einmal auf dem emporsteigenden Bogen der Entwicklung angelangt und erkennt er durch das helle Leuchten seiner sieben Chakras die Stufe, auf der er steht, dann wird er die planetarischen Engel mit vollem Bewußtsein schauen und erkennen. Diese wachen über die Höherentwicklung des Menschen und über seine Rückkehr im voll entfalteten Bewußtsein zu VATER-MUTTER-GOTT.

»Am Anfang war das Wort«, seine Schwingung erschuf das Licht. Das Licht wiederum war der »Sohn«, der Erstgeborene des VATERS. Im Licht ist alles Leben und das Licht ist in sieben Strahlen eingeteilt. Auf diesen sieben farbigen Strahlen des Lichtes kommen die planetarischen Engelwesen oder Boten, um der Menschenrasse weiterzuhelfen. Und wenn ein Heiler gewisse farbige Heilstrahlen an seine Patienten verströmt, dann verbindet er sich – wenn er es richtig macht – mit den Engeln des betreffenden Strahls.

Die Engel wirken in gewissen geistigen Sphären und richten ihre Liebe auf die irdische Ebene. Sie wirken durch Gruppen aller Kategorien bis hinab zur kleinsten Lebensform. Wir wollen damit sagen, daß auch der Instinkt der niederen Lebensformen von einem der großen Engelwesen geleitet und gelenkt wird. So wird ein Tier instinktiv auf den kontrollierenden Einfluß seiner Gruppenseele reagieren, und die Gruppenseele wiederum steht unter der Liebe und der Weisheit eines Engels. Ähnlich ist es bei den primitiven Menschenrassen und Menschengruppen. Erst bei den höher entwickelten Seelen der menschlichen Familie beobachten wir einen gewissen Grad von freiem Willen. Jene Engel, die den Gruppengeist beeinflussen, dienen unter der Obhut eines der sieben großen Wesen um den Thron Gottes – um das zentrale Licht – der Ersten Ursache – Gott.

Von diesem zentralen Punkt, der Ersten Ursache, gehen ungezählte Millionen von Lebenslinien aus, wie feine und feinste Äderchen. Man könnte den großen Lebensplan vielleicht mit der menschlichen Blutzirkulation vergleichen. Jeder Lebensstrahl ist in vollkommenster Weise mit dem Zentrum verbunden. Nichts in der Schöpfung geschieht von ungefähr. Alles ist Vollkommenheit – vollkommener Rhythmus –, vollkommene Form und größte Präzision in jeder Einzelheit. Denke an die Schönheit in Farbe und Beschaffenheit eines Schmetterlingsflügels und überlege, daß du durch ein Mikroskop schauen und eine klare, starke Lichtquelle auf das Objektiv lenken mußt, um seine ganze

Schönheit zu entdecken. Genauso verhält es sich mit einer kleinen Blume. Unter dem Mikroskop erblickst du ihre Pracht, strahlend wie ein Juwel. Alle Regenbogenfarben werden von ihren Blütenblättern reflektiert, und wenn du um die Musik der Sphären weißt, dann hörst du den Ton der Schönheit jener kleinen Blume wie einen Gesang.

Halte in deinem täglichen Leben Ausschau nach Schönheit. Nimm nichts als selbstverständlich hin. Suche die Schönheit im Sonnenlicht, im Tautropfen, in der ganzen Natur. Wenn du kannst, gehe früh am Morgen hinaus, solange noch der Tau auf den Gräsern und auf den dünnen Spinnwebfäden glitzert. Betrachte die Schönheit dieser feinsten Kunstwerke und spüre dann, wie sich in deiner Seele ein Gefühl der Bruderschaft und des Verwandtseins mit diesen kleinen Wundern regt.

Ein Bruder der »Großen Weißen Loge« ist sich seiner Beziehung zu allen Lebensformen voll bewußt. Er kann sich mit dem kleinsten Insekt, mit einer Blume, dem Sonnenlicht, den fallenden Regentropfen identifizieren. Dies ist der Weg, meine Freunde. Auf ihm gelangen alle in den Tempel Gottes. Der Poet sagt: »Kleinste Blume in der Mauerritze, könnt' dein Leben ich verstehn, ich würde Gott begreifen und

Sein ganzes Universum.« Und du *wirst* es begreifen – nicht mit dem Verstand allein, sondern indem du dich mit dem Licht und mit den Lebensströmen identifizierst und EINS wirst mit der Schwingung der Sonne – der Schwingung Gottes.

Bemühe dich, wenn du irgendeine Lebensform betrachtest, in das *Innere* ihres Wesens zu dringen und ihren Geist zu erkennen. Sieh und erkenne den Geist in jedem Wurzelstock, im Stamm, in den Ästen und den Blättern. Sieh, wie das Licht gemeinsam mit dem Saft emporsteigt – in den Sträuchern, Blumen, Bäumen und in der gesamten Natur. Suche stets den Geist innerhalb einer jeden Lebensform. Fühle die Beziehung zu dem göttlichen Leben in jedem Wesen. Spüre dieses Leben in der Luft, die du atmest, im Wasser, in dem du badest, und im Quell, aus dem du trinkst, im Wind, in den Lüften und im Feuer. Pflege diese Gabe des Geistes, nenne sie Einbildung oder Vorstellungskraft, wenn du willst. Bedenke jedoch, daß diese Gabe die Brücke ist, die dich über die physische Materie hinaus in die ätherischen und in die himmlischen Welten führen kann. Diese Fähigkeit kann dir und in der Tat der ganzen Menschheit dienen. Sie fördert die Harmonie in dir und erschafft Schönheit in deinem Leben, denn es werden dir Reiche eröffnet, von denen du zur Zeit noch keine Ahnung hast.

Lerne daher, deine eigene Person, das begrenzende Ego zu vergessen, den beschränkenden Zellen des Gehirns, dem kleinen Ich, zu entfliehen – auf den Flügeln der Imagination. Dann fühlst du dich frei im Lande der Meditation, dem wahren Land des Lichtes. Dort schaust du hinter die Kulissen des physischen Lebens und begreifst den wahren Sinn der Bruderschaft. Du wirst erkennen, daß du nicht mit ganzem Herzen, ganzer Seele und ganzem Gemüt dienen kannst, ohne in deinem geistigen Wachsen Christus ähnlicher zu werden. Dann weißt du auch, daß du dich in keiner Weise vom großen Ozean des Lebens wirst trennen können. Du kannst deinem Bruder aus dem Pflanzen-, Tier- oder Menschenreich nicht weh tun, ohne dir selbst weh zu tun.

So kommen wir zurück zu der einfachen Lehre Jesu Christi, des Gottessohnes, des Lichtes: »Kinder, liebet einander ..., liebet einander!«

Meine Freunde, in Liebe sind wir zusammengekommen und in Liebe gehen wir auseinander, doch stets wird uns das Band der Liebe zusammenhalten, wird Herz mit Herz verbinden.

Liebt euch gegenseitig und liebt die große Bruderschaft allen Lebens. Seid geduldig und tolerant mit den Fehlern der anderen. Mit der Zeit werden diese Fehler schwinden, und ihr erkennt euch gegenseitig als gerechte und wahre Brüder des Lichtes – als vollkommene Töchter und Söhne Gottes.

III.
Das spirituelle Leben

DIE GEISTIGE BRUDERSCHAFT KÜMMERT SICH UM DICH

Ihr seid in Gott und Gott ist vollkommen

1

Die Bruderschaft des Weißen Lichtes ist innig bemüht um die Weiterentwicklung der Menschheit, ihr Glück und ihr Wohlergehen. Wir sind durch viele Inkarnationen hindurchgegangen und können uns durchaus in alle menschlichen Erfahrungen hineinversetzen. Wir sind daher in der Lage, mit euch zu fühlen. Wir verstehen eure Enttäuschungen, eure Begrenzungen, eure Ängste und Befürchtungen. Wir empfinden mit euch eure körperlichen Schmerzen und seelischen Leiden. Wir nehmen Anteil an euch; wir gehören zu euch; wir sind eins mit euch.

Und wir lieben euch. Deshalb beseitigen wir auch nicht eure Probleme, denn das wäre weder hilfreich noch gut für euch. Wir können nur an eurer Seite stehen und euch Kraft und Liebe geben, während ihr langsam durch Versuchungen und Irrtümer lernen müßt. Als Lohn nach all diesen Kämpfen und Mühen – wenn ihr den Weg des Lichtes geht und offen seid für die Botschaft des Geistes – werdet ihr in eurer Seele so tiefe Freude empfinden, wie ihr sie nie hättet erleben können, wenn wir euch eure Probleme und Schwierigkeiten aus dem Weg geräumt hätten.

Jedesmal, wenn ihr den richtigen Weg erkennt und ihm folgt, jedesmal, wenn es euch gelingt, die innersten Geheimnisse des Lebens zu berühren, nimmt das Licht in eurem Herzen, eurer Seele zu und läßt euch euer Leben neu und hoffnungsvoll erscheinen. Ihr seht dann nicht nur mit den physischen, sondern auch mit den geistigen Augen ein weit ausgebreitetes, sonniges Landschaftsbild von so blendender Schönheit vor euch, wie ihr es zuvor nie habt erschauen können, und euer Herz beginnt zu tanzen und zu singen.

2

Folgt eurer Intuition, folgt immer der Eingebung eures Herzens, und laßt sie über euren äußeren Verstand herrschen. Möge euer höherer Verstand über euer niederes Selbst siegen. Laßt ihn euer Leben regieren und alle Ereignisse eures Lebens bestimmen. Das bedeutet keineswegs, daß ihr damit etwa »außerhalb der Welt« lebt. Das ist nicht der Fall. Denn immer, wenn ihr aus dem Geist eures Herzens denkt und handelt, dann seid ihr mit Gott, der die Macht besitzt, euer Leben auf die vollkommenste Weise zu ordnen. Auch wenn ihr Ihm euer Herz in kindlicher Einfalt öffnet und Ihn fragt, zu Ihm betet, Ihn bittet, werdet ihr stets die Weisheit, die euch fehlt, geschenkt bekommen. Aber fragt nicht in der unrichtigen Weise, sondern setzt die ganze Kraft eures Vertrauens auf Ihn, in der vollen Überzeugung, daß Gott, der Alliebe und Weisheit ist, eure tiefsten Bedürfnisse erkennt und zu eurem wahren Wohl erfüllen wird.

Die Art, in der ihr beten solltet, ist die, sich in den Zustand des vollkommenen Einsseins mit dem kosmischen Geist der Liebe zu begeben. Ruht in diesem Geist der Liebe, lebt, denkt in ihm und nicht an euch selbst und eure irdischen Belange. Ihr allein seid gar nichts. Ihr besitzt weder dauernde Macht noch andauernde Weisheit oder Liebe. Aber wenn eure Seele im Zentrum des Sterns und seinem himmlischen Licht Ruhe gefunden hat, dann erlangt ihr wahre Größe, denn ihr seid dann bewußt mit Gott verbunden, und Gott ist mit euch, und alle Dinge müssen dann zum Guten für euch zusammenwirken.

3

Schaut nicht hinter euch. Bedauert nicht eure Fehler, sondern seid dankbar für jede Erfahrung, wie schmerzlich sie auch gewesen sein mag, denn sie hat euch dazu verholfen, besser verstehen zu können.

Sammelt eure Gedanken und Vorstellungen über der Ebene der Geschehnisse des materiellen Lebens. Wir gebrauchen hier das Wort »materiell«, obgleich wir wissen, daß Geist und Materie im Grunde genommen eins sind. Aber *ihr* versteht das vielleicht jetzt noch nicht ganz. – Der Mensch muß sein Leben erst im *vollen Bewußtsein,* daß alles letztlich Geist ist, führen lernen. Der Mensch ist Geist in einer körperlichen Form; und auch diese Form ist aus Geist gebildet. Das heißt, daß die äußere Form des Menschen eine Verwirklichung des Geistes ist, der in ihm lebt. Sie bringt zum Ausdruck, wieweit das reine, vollkommene Licht und Leben des Schöpfers sich in seinem Leben, in seinem physischen Leib offenbaren kann.

Wir hoffen, daß ihr über unsere Worte nachdenken werdet, denn all eure zukünftigen Werke, das Glück des einzelnen sowie der gesamten Menschheit, werden sich auf diese grundsätzliche Wahrheit gründen.

Wenn ihr dazu in der Lage seid – indem ihr euch darin übt –, dann legt die Dinge von geringer Wichtigkeit beiseite und widmet euch den größeren Angelegenheiten des Geistes. Ihr werdet damit die Hilfe und Führung erlangen, die ihr benötigt. Verstrickt euch nicht so sehr in die Einzelheiten des materiellen Lebens, damit ihr euch dadurch nicht selbst abtrennt von den Quellen, die eure Lebenskräfte speisen.

Die Zeit, die ihr mit guten Gedanken verbringt, kann niemals verschwendet sein. Zu jeder Zeit, wo ihr der Versuchung, zu eurem niederen Selbst Zuflucht zu nehmen und die Gedanken auf die materielle Welt zu richten, widersteht und euch statt dessen dem Licht eures höheren Selbst öffnet, werdet ihr kraftvoller werden im Geist und mehr als das: die Macht des Lichtes auf Erden stärken.

4

Wir geben euch immer eine Antwort, wenn ihr uns von der inneren Seinsebene aus anruft, nur seid ihr oft nicht in der Lage, uns zu hören.

Dann fehlt es euch an Vertrauen, oder es gelingt euch nicht, die Ängste und Zweifel eures irdischen Lebens hinter euch zu lassen. Ihr *wollt* zwar glauben und vertrauen, aber es mangelt euch oft an der nötigen Kraft dazu. Ihr verhaltet euch wie junge Pflanzen, die noch in der dunklen Erde keimen und darum kämpfen, ihre ersten grünen Schößlinge ans Licht des Tages wachsen zu lassen. Dieser Vorgang des Wachsens entspricht euren Auseinandersetzungen mit den Schwierigkeiten des Alltags, und es gehört viel Ausdauer und Kraft des Geistes dazu, diesen ständigen Kampf immer wieder erfolgreich zu bestehen.

Seid nicht entsetzt oder verstört über all das Dunkle, das die Menschheit umgibt und dessen Zeuge ihr immer wieder sein müßt. Besser ist es, wenn ihr statt dessen ein echtes Mitgefühl entwickelt für alles, was lebt und Leben ist. Nicht eine überhebliche Art von Mitleid ist gemeint, sondern ein einfaches, sanftes, liebevolles und verstehendes Mitgefühl. Das ist gar nicht so einfach; wir wissen das sehr wohl. Aber ihr müßt es immer wieder versuchen, immer wieder daran arbeiten. Bringt euer höheres Leben in eurem Dasein zum Ausdruck. Versucht, jeden Morgen, bevor ihr euer Tagewerk beginnt, dieses sanfte, warme Mitgefühl in euch wachzurufen, wenn es euch auch nur für einige Augenblicke gelingt. Haltet ein in euren äußeren Tätigkeiten und bittet in der Stille eures Herzens Gott um Seine Gnade und Seine Liebe. Sendet eure Gedanken zu jenen, die in den geistigen Welten wohnen, zu beiden: den ehemals menschlichen Wesen und den Engelwesen, die über euch wachen und euch helfen. Laßt das geistige Leben in euch lebendig werden, in euch weben und wirken, so daß es sich immer mehr in euch entfalten kann. Möge es euch zur Gewohnheit werden, wenigstens einige Minuten morgens und abends, bevor ihr euch schlafen legt, die Gegenwart Gottes zu spüren, und laßt euch nicht – wir bitten euch so sehr darum – überwältigen von all der Gleichgültigkeit und Dunkelheit, die euch täglich umgibt. Es tut nicht gut, die Gedanken auf das Dunkle zu richten. Schaut zum Licht empor und betet darum, größere, offenere, hellere Gefäße des Lichtes zu werden. Wehrt euch gegen die Einflüsterungen des niederen Selbst, wenn es euch überreden will, dem Gefühl der Verzagtheit und Mutlosigkeit nachzugeben. Gott ist Allgüte, Allgutes, Liebe und Weisheit, und alle Dinge wirken sich zum Guten für den aus, der Gott liebt. Seid nicht verzweifelt, laßt euch nicht von der negativen Seite des Lebens unterkriegen; denn dadurch werdet ihr nicht dem Guten dienen. Setzt immer die positiven Kräfte ein. *Glaubt daran,* daß das Gute siegen und das Beste sich ereignen wird: und es wird so und nicht anders kommen.

Wir sprechen zu euch nicht in einer lauten Sprache, wenn wir euch von der Welt des Geistigen berichten. Es ist besser, die erhabenen Wahrheiten nicht von den Hügeln herab in die Welt zu schreien. Deshalb bescheiden wir uns damit, immer nur nahe bei euch zu sein, so wie ihr nahe bei uns seid. – Eure Herzen sind erfüllt von Liebe; wir wissen es; und wir danken euch für jeden Gedanken, den ihr im Sinne Gottes aussendet und wirken laßt. Ihr wißt gar nicht, wie viel ihr vollbringen könnt, mit jedem guten und freundlichen Gedanken, mit jedem demutsvollen und aufrichtigen Dienst an Gott und euren Mitmenschen.

5

Wichtig ist es, daß ihr Kraft und Standhaftigkeit entwickelt. Dazu gehört, leidenschaftslos zu werden und eure Gedanken nach außen auf das Wohl der Menschen zu richten, anstatt sich nach innen zu wenden und über eure kleinen Schmerzen, Fehler und Mißerfolge nachzugrübeln. Viele Menschen verschwenden viel Zeit dadurch, daß sie zu sehr auf sich selbst bezogen sind. Sie sinnen darüber nach, ob dieses richtig, jenes vielleicht falsch war, und auf diese Weise sind sie ängstlich und eifrig darauf bedacht, möglichst schnelle Fortschritte zu erzielen. Eine solche Verhaltensweise bekundet aber nur Schwäche, die überwunden werden sollte. Es fallen einige Fehler, einige Unvollkommenheiten nicht so sehr ins Gewicht. Es ist das, was ihr *denkt,* was ihr zum Wohl der Menschheit beitragt an Liebe, Mitgefühl und Großherzigkeit, was zählt und was das wirklich Wesentliche ausmacht.

Ihr liebt die geistigen Welten und eure geistigen Freunde; aber ihr würdet noch weit glücklicher sein, wenn ihr euch darüber klar wäret, wieviel Glück ihr euren Freunden in den geistigen Welten dadurch bereiten könnt, daß ihr *recht und richtig denkt*, nicht nur hinsichtlich eurer eigenen kleinen Schwierigkeiten auf dem geistigen Weg, sondern vor allem auch bezüglich anderer Menschen und deren Problemen. Wir wissen, daß es einigen von euch schwerfällt, sich so zu verhalten, aber mit der Zeit wird es immer leichter werden und schließlich ein ganz selbstverständlicher Bestandteil eures Lebens sein.

Möge das Licht in eurem Herzen im Laufe eurer Lebensjahre immer strahlender und heller erscheinen. Möge es euer inniges und ernstes Anliegen werden, das Licht in euch nicht nur trübe dahinglimmen, sondern weithin leuchten zu lassen.

6

Ihr mögt euch verwundert fragen, warum es euch hin und wieder fast unmöglich erscheint, die Nähe der geistigen Wesen zu empfinden, während ihr zu anderen Zeiten ihrer Gegenwart so sicher seid.

Wie kommt es, daß ihr euch manchmal so unausgefüllt und belastet fühlt, während ihr ein anderes Mal eine solche Freiheit verspürt wie auf dem Gipfel eines Berges, umweht von frischer, reiner Luft? In diesem heiteren und gelösten Zustand ist es euch möglich, ganz deutlich die Gegenwärtigkeit der geistigen Welten wahrzunehmen. Ihr spürt dann euren geistigen Führer und Lehrer an eurer Seite, und alles scheint euch leicht und mühelos und in allerbester Ordnung zu sein.

Die Schwere und Beschränktheit, die euch immer wieder umklammert, entsteht aus dem seelischen Nebel, der euch in solchen Augenblicken umgibt und den das Licht der geistigen Sonne nicht zu durchdringen vermag. In solchen Zeiten schöpft eure ganze Kraft aus dem Bewußtsein, daß die Sonne *da ist,* immer scheint, und sich eure Helfer stets in eurer unmittelbaren Nähe befinden. Dieses Wissen ist von großer Bedeutung und wichtigem Einfluß auf eure seelische und geistige Entwicklung, denn sehr viel hängt ab von eurem inneren Gleichgewicht, der Harmonie eurer Seele und der Festigkeit eures Charakters. Ihr müßt euch darin üben, wie ein Spiegel zu sein, der nicht Verwirrung widerspiegelt, sondern der ständig und zuverlässig die Wirklichkeit und Wahrheit des geistigen Lebens zurückstrahlt.

Es gibt sowohl Zeiten des Schaffens als auch Zeiten der Muße. Es ist gut, zu wissen, wann einmal eine Pause notwendig ist, und unterscheiden zu lernen zwischen Entspannung und Erholung auf der einen und einem Absinken von Mut und Hoffnung auf der anderen Seite. Menschen können vollkommen zusammenbrechen, ihr inneres Gleichgewicht gänzlich verlieren und in solchen Lebenslagen viele Dinge sagen, die sie in Wirklichkeit gar nicht meinen. Während ihr entspannt seid und euch erholt, sollte euer Geist immer die Oberhand behalten. Seid auf der Hut, daß die Herrschaft eures Geistes nicht durch Furcht oder Niedergeschlagenheit verlorengeht, denn das bedeutet, daß der tapfere Kapitän sein Schiff verläßt.

Gebt eurem höheren Selbst das folgende Gelöbnis: »Ich will der Kapitän meines Schiffes bleiben!« Denn das zu sein heißt, dem Pfad der geistigen Entwicklung zu folgen.

Meditiert oft in der geistigen Gegenwärtigkeit eures Meisters. Ihr könnt gar nicht an seine leuchtende Persönlichkeit denken, ohne auch eine Veränderung in eurem Seelenleib zu verspüren. Wenn ihr euch ihm während der Meditation verbindet und ihm nahe seid, dann wird euer ganzes Sein teilhaben an seiner Strahlung, an seiner Strahlkraft.

7

Diejenigen, welche Frieden in das Leben anderer tragen möchten, die Kümmernisse in fremden Herzen besänftigen oder mit behutsamen, weisen Worten »Teufel vertreiben« wollen, müssen zuerst lernen, ihr eigenes Selbst zu beherrschen.

Jesus wußte, daß er nicht den unsichtbaren Kräften befehlen konnte, bevor er die eigenen inneren Kräfte fest in seine Gewalt gebracht hatte. Jene, die die Geheimnisse des Universums durchdringen und die Fülle und Vielschichtigkeit der menschlichen Beziehungen verstehen möchten, sollten, bevor sie Recht oder Unrecht der einen oder anderen Person beurteilen, erst einmal in sich selbst hineinschauen; sie müßten erst einmal ihr eigenes Haus in Ordnung bringen.

Es ist euch gelehrt worden, daß, wenn ihr die rechten Gedanken hegt, ihr zu einem Brennpunkt für die Kräfte des Guten werdet, die dann euer Leben bestimmen werden. Doch noch mehr als das: Ihr werdet auch die großen Mysterien verstehen lernen, wenn ihr den einfachen Lehren des Meisters Folge leistet.

Wenn ihr euch in Liebe Gott anvertraut, wird Er Seine Kraft durch euch wirken lassen, und nichts kann mehr in eurem Leben fehlgehen. Wahre Liebe irrt nicht. Liebe kennt nichts Böses noch Ungerechtigkeit. Liebe ist weder schwach noch stolz und hochmütig – Liebe gibt und Liebe bescheidet sich, Liebe ist selbstlos.

Diejenigen unter euch, welche die Gabe des Hellsehens entfalten möchten, sollten oft den inneren Tempel ihres Herzens aufsuchen. Schwingt euch ein in den Geist der himmlischen Welten, und das, was sich euch enthüllt, wird dann nicht nur Einbildung und ein Produkt leerer Phantasie sein, sondern es wird sich euch die Wahrheit zeigen. Mediale Fähigkeiten mögen ihren eigenen Stellenwert haben, aber haltet euch dabei stets vor Augen, daß sie ihre Gültigkeit nur in den Bereichen besitzen, welche das irdische Leben unmittelbar umgeben. Spirituelle, geistige Kräfte hingegen unterliegen keinerlei Begrenzungen. Mit rein medialen Kräften bleibt ihr immer in Abhängigkeit einer bestimmten Gesamtverfassung des menschlichen Körpers und des menschlichen Lebens, während ihr mit der Entfaltung eurer geistigen Gaben die Kräfte entwickelt, welche auch die unsichtbaren Gefilde durchdringen und grenzenlos sind. Jeder von euch verfügt über verborgene geistige Fähigkeiten, und wenn es euch dazu drängt, von den Wassern des Geistes zu trinken, werden sich auch eure spirituellen Gaben entfalten wie die Blüte einer Seerose im Licht der Sonne.

Oftmals werdet ihr schon von der Seerose als Symbol geistiger Entfaltung gehört haben. Die Seerose, die Lotosblüte, die auf der stillen Wasseroberfläche ruht, ist ein uraltes Sinnbild für die Entwicklung geistiger Gaben. Wenn ihr eure geistigen Fähigkeiten entfalten wollt, dann verschließt eure Augen und Ohren vor dem Weltlichen, das euch umgibt, und laßt vor eurem inneren Auge die Vision, das geistige Bild eines vollendet schönen Gartens erstehen.

Schreitet durch das weit geöffnete Tor in das Innere des blühenden Gartens bis zu einem kleinen stillen See. Schaut auf das ungetrübte, reine Wasser, das kristallklar vor euch liegt. Beugt euch hernieder, und erkennt euer eigenes wirkliches Bild im schimmernden Spiegel des Wassers, denn die Wasser des Geistes geben die Wahrheit wieder. Auf der hellen, unbewegten Wasserfläche ruht die Blüte einer Seerose von reinstem Weiß. Ihr Kelch erstrahlt in goldenem Licht. Weiß und Gold: Symbole der Reinheit und göttlichen Weisheit. Versenkt euren Geist in die vollkommene Schönheit dieser Seerose und verweilt in der Ruhe und dem Frieden, die euch zuteil werden.

Erschaut und erkennt nun um euch eine wolkenhafte Aura von unsichtbaren geistigen Wesen, die mit euch sind. Seht die strahlenden Formen, die euch umgeben. Seht die Formen der Engel, und spürt die Nähe der von euch Geliebten, denen ihr persönlich verbunden seid und die nun in der Welt des Lichtes leben. Sie sind so nahe, daß sie eins werden mit euch. In Gottes Universum gibt es keine Trennung durch Zeit und Raum. Ihr seid in Gott, und Gott ist in euch. Euer geistiger Führer ist in euch, ist ein Teil von euch, und ihr seid ein Teil von ihm. – Es gibt keine Trennung. Alle sind Geschöpfe und Kinder Gottes, und in Gott seid ihr im All-eins-Sein. Ihr seid in Gott, und Gott ist vollkommen.

O kommt, ihr Menschenkinder, kommt zu den Wassern des lebendigen Geistes. Laßt alles Mißgeschick, alle Not, alles Elend von euch gleiten und wisset um die Wahrheit, daß ihr in Gott seid und daß Er alle Probleme lösen und all euer Leid beenden wird.

Gott segne euch alle!

DAS LICHT

Lebenspendende Sonne

Wir werden viel über Eigenschaften und Natur des Lichtes zu sagen haben. Unter »Licht« verstehen wir den Christus in des Menschen Herzen, der sich in gottähnlichen Eigenschaften äußert wie Sanftmut, Geduld, Hoffnung, Vertrauen, Vergebung, intuitive Sympathie zu anderen, Zurückhaltung, Nachsicht und durch die Eigenschaft reiner Liebe, aus welcher alle diese ihren Ursprung haben. Deshalb sagen wir – Liebe ist Licht und Licht ist Liebe.

In früheren Epochen pflanzten wir unsere Feldfrüchte in Übereinstimmung mit dem Licht und baten um den Segen des Großen Göttlichen Geistes, ehe wir säten. Wir lenkten Licht in die Erdscholle und wenn die heutige Menschheit lernt, dies wiederum zu tun, wird sie viel bessere Ernten für Leib und Seele erzielen.

In der damaligen Zeit waren sich die Menschen dieser Tatsache wohl bewußt. Sie wußten, daß Licht und Liebe Machtfaktoren im Land sein können. Sie versammelten sich, entweder in kleinen Gruppen oder zu großen Zeremonien, um das Licht zu verehren. Ursprünglich wurden sie von den Gottmenschen belehrt, die gekommen waren, um ihre jüngeren Brüder in diesen Dingen zu unterweisen. Die damaligen Menschen lernten, daß das Licht, welches ihre Wege erleuchtete, eine Schöpfung der Güte Gottes sei und daß dieses Licht ihnen letztlich den Heimweg zu Gott ermöglichen würde.

Vor den Zeremonien umschritten sie ihre Tempel in rhythmischem Schritt und mit sakralem Gesang. Immer waren diese Tempel auf einem flachen Grundstück oder auf der Kuppe eines Hügels errichtet worden. Die ganze Nacht hindurch schritten sie so unter freiem, sternenübersätem Himmel unter sichtbaren wie unsichtbaren Planeten einher, welche in unserem Sonnensystem kreisen und den Menschen von heute noch unbekannt sind. Alle wußten, daß diese Zeremonien von Engelwesen des Lichtes geleitet wurden, und vielen waren diese Wesen sichtbar. Beim ersten Dämmern des Morgens kam eine große Stille über die Menge.

Beim Erscheinen der Sonne wandten sich alle dem Licht entgegen. Sie beteten zum Großen Göttlichen Geist, lobten und priesen ihn und dankten für den neuen Tag der Gnade und des Segens.

Wie viele Menschen würden heute Zeit erübrigen, um sich für das Erlebnis des Sonnenaufgangs zu versammeln? Wie viele könnten die himmlischen Scharen sehen, die bei Sonnenaufgang anwesend sind, wie auch die vielen Erleuchteten, die kommen, um die Erdenmenschen zu segnen? Nur wenige, denken wir. Doch damals begriffen die Menschen, daß sie zu dieser Stunde an das Geheimnis der Schöpfung rührten und in ihr eigenes Wesen eine Strahlung des Sonnenlogos aufnahmen, durch die sie gestärkt und gereinigt wurden. Sie *atmeten* das Licht förmlich in sich ein, die Lebenskraft, die den Menschen durchstrahlte, reinigte und vervollkommnete. Die Menschen bewohnten damals Körper von feinerer Schwingung als die heutigen Menschen, sie standen den Naturkräften und der »Großen Mutter« näher und waren dem Licht und den Geisteskräften offener.

Was ist mit dem Ausspruch gemeint: »Ein Mensch trägt das Licht in sich.«? Wie muß er sein? Sicherlich wie ein Sohn Gottes. Je nach dem Grade seines Verstehens ist er Gott treu.

Der, der das Licht in sich trägt, muß ein wahrheitsgetreuer Mensch sein. Er muß der Wahrheit treu sein, weil er klar sieht. Er sieht die Wahrheit weder verzerrt noch verschleiert. Er geht direkt zur Quelle und erkennt dadurch immer wieder neue Aspekte der Wahrheit.

Jetzt verstehen wir, daß »Licht« ein anderes Wort für Wahrheit ist. Durch die Jahrtausende hat Gott die Menschen nie ohne einen Zeugen gelassen. Über die Jahrtausende hat Gott Seine Boten zu den Menschen gesandt, um ihnen die Wahrheit zu verkünden. Deshalb finden wir in allen Völkern und Rassen, vergangenen und gegenwärtigen, etwas von der Lehre über das Licht. Kenntnisse hiervon hatten die Hyperboreer, die Völker der Anden, die Polynesier, die alten Ägypter und die Menschen im fernen Osten, bis zu jenen der frühchristlichen Epoche.

»Laßt das Licht leuchten« war der Ruf des ägyptischen Hohenpriesters. »Laßt uns die Feuer zünden« war die Anrufung der Hohenpriester in den Anden. In Atlantis ertönte dieselbe Anrufung »Laßt das Licht leuchten«, wenn die Priester der großen Sonnentempel den Gottesdienst eröffneten. In den Tempeln Griechenlands erschallte derselbe Ruf. Hier oblag es den Tempeljungfrauen oder Vestalinnen, die

Flamme auf dem Altar zu hüten, das Wahrzeichen der Sonne. Wenn diese Flamme je erlosch, wurden sie mit dem Tode bestraft.

Später kam dann der Sonnenlogos oder der Christus, der durch die Lippen Jesu die Worte sprach: »Ich bin das Licht der Welt.«

Das Christuslicht

Die Anfangsworte des Johannesevangeliums lauten: »Das Licht leuchtet in der Finsternis, doch die Finsternis hat es nicht begriffen.« Wenige halten inne und meditieren über den Sinn dieses Ausspruchs. Am Anfang der Schöpfung sagte Gott: »Es werde Licht«, und aus der Dunkelheit ward Licht. Jeder Mensch wird schicksalhaft letztlich volles Verstehen für Gott erlangen und mit seinem ganzen Wesen in Gottes Licht sein.

Wenn ihr das ausgetragene Gewand, den sterblichen Körper des Menschen, durch Feuer bestattet, so bewirkt diese Verbrennung des Leibes eine Veränderung der Atome oder in anderen Worten, die Befreiung des Lichtes, das von der Dunkelheit in den Atomen des Leibes gefangengehalten war. In der Tat, der Tod, den der Mensch fürchtet, ist in Wahrheit eine Form der Einweihung kleineren oder größeren Grades, und durch den Tod dringt ein großes Licht in die Seele ein.

Meine Freunde, wir bitten euch, das Hinübergleiten einer Seele von ihrem Körpergefängnis in ein reicheres Leben niemals als etwas zu betrachten, das gefürchtet werden müßte. Nach dem Gesetz Gottes und wenn die Zeit gekommen ist, geht die Seele weiter, nicht um ihre Identität zu verlieren, sondern um ein größeres Gottesbewußtsein und ein größeres Verständnis des ewigen Lichtes zu erlangen. (Das Wort »Seele« versteht sich als der eigentliche Mensch, das eigentliche »Ich« der Gefühle, der Sympathien und Antipathien, der Interessen, der Zuneigungen, der Erinnerungen, der Empfindungen – in einem Wort, »wir selber«, die wir inwendig im äußeren Menschen wohnen und durch seine Augen schauen, mit seiner Zunge reden und mit seinem Gehirn denken. Es ist dieses »Selbst«, das den Tod überlebt und in ein helleres Licht schreitet.)

Wenn ein Mensch die Natur des Lichtes zu begreifen beginnt und wenn er die Strahlung des Lichtes aufnehmen kann, wird sein Christusbewußtsein stimuliert. Ein solcher Mensch braucht nicht überintellektuell oder besonders klug zu sein, um auf das Licht anzusprechen. Einfach und liebevoll soll er sein, weiter nichts.

So, wie ein Mensch liebevolle Freundschaft zum Nächsten empfindet oder das Leben selbst liebt, so wie es sich ihm in der Schönheit eines jeden Tages bietet, so wird sein Licht scheinen, weil der Christus in ihm leuchtet. Liebe, derart zum Ausdruck gebracht, zieht das Licht Christi an die Seele heran, so daß die wahrhaft liebende Seele strahlend wird.

Versucht einen Augenblick über das Antlitz, die Gestalt, die Erscheinung, ja die ganze Natur von Jesus dem Christus nachzudenken. Wir stellen nicht in Abrede, daß andere Weltlehrer existierten, die das Licht Christi in großem Maße zum Ausdruck brachten, doch wir möchten euch den großen Erlöser des Christentums, Jesus den Christus, besonders nahebringen. Seht in ihm die Göttlichkeit des Herrn, die Reinheit und Schönheit des Christusgeistes. Seht, wie Jesus die ganze Herrlichkeit der Christusliebe zum Ausdruck brachte, denn die Christusliebe ist Licht.

Dann versucht euch für einen Augenblick vorzustellen, wie es im Himmel ist. Versucht euch den Himmel nach eurer eigenen Idee auszumalen. Versucht euch einen Daseinszustand auszudenken, der dauernd von goldenem Licht durchstrahlt ist. Schaut in diesem himmlischen Daseinszustand engelgleiche oder menschliche

Wesen. Sie alle sehen so aus, als wären sie von innen her erleuchtet, denn sie strahlen Licht aus. Woher kommt es, daß Geister, die von einer Himmelswelt kommen, stets als Lichtwesen erscheinen? Warum ist dieser Himmel so von Licht durchstrahlt? Weil in Wirklichkeit das Leben Licht ist.

Dann lest in eurer Bibel über die Engelerscheinungen bei Propheten und Heiligen. War nicht Paulus von einem hellen Licht getroffen und dadurch gründlich gewandelt worden? In strahlendes Licht gehüllte Engel betreuten Petrus. Jesus zog sich einmal mit drei Jüngern auf einen Hügel zurück, wo er, samt seiner Kleidung, durch die Herrlichkeit des Lichtes verklärt wurde.

Diese Begebenheiten wurden uns von ehrlichen, wahrheitsliebenden Männern berichtet. Sie ereigneten sich erst gestern, denn 2000 Jahre sind kurz im Vergleich zur Geschichte der Menschheit. Glaubt ihr diese Dinge? Sie geschehen heute noch und werden immer wieder geschehen, weil hinter allen physischen Formen eine geistige Lebenskraft steht, die als Licht in Erscheinung tritt.

Immer und immer wieder sagen wir: *Licht ist Leben und Leben ist Licht.*

Um Licht in sich zu speichern, muß der

Mensch *lieben.* Blicke auf irgendeinen deiner Bekannten, der liebend und freundlich ist, und du wirst erkennen, daß Licht durch ihn leuchtet. Erforsche, ob du Liebe in anderen Gesichtern siehst, auch in den unwahrscheinlichsten. Ein Mensch, der nicht liebt, ist von Selbstmitleid erfüllt. Das schließt den Vorhang seiner Seele und sein Antlitz erscheint düster, denn sein Licht ist eingedämmt, verdeckt. Daher – lasse dein Licht leuchten! Sende das Licht aus! Gehe durchs Leben in liebender Haltung, und dein Licht wird wahrlich hell sein.

Das Geheimnis vollkommener Gesundheit

Weißt du, daß die Lebenskraft, die aus dem Licht stammt und durch deine Adern pulst, das Geheimnis der vollkommenen Gesundheit ist? In der Tat, ein Mangel an Licht heißt, es fehlt an gewissen Elementen im Blut, was allmählich zur Erkrankung und zum Zusammenbruch führt. Jesus kannte dieses Geheimnis. Er wußte, wie die göttliche Strahlkraft empfangen werden kann. Er mußte nicht einmal den Körper eines kranken Menschen berühren, um Licht in dessen Leib zu senden, denn er hatte die Begrenzung von Zeit und Raum überwunden. Als der römische Hauptmann zu Jesus kam und um

Heilung für seinen Knecht bat, hatte Jesus bereits seine Aura erweitert und den kranken Mann geheilt, indem er ihn mit der Schwingung des Lichtes durchdrang. Mit anderen Worten gesagt, er sandte Licht in das Dunkel und löste die Dunkelheit auf.

Licht durchflutet auch die Substanz der Erde. Ihr meint, daß eure Erde dunkel und tot sei, doch in der Substanz der Erde, in ihrer physikalischen Materie, ist Licht. Die eigentliche Erscheinungsform Gottes ist Licht. Und dieses Licht ist Träger des physischen Lebens im Körper des Menschen und verleiht seiner Seele ewiges Leben. Deshalb ist der wahre Sinn des Lebens, das Licht zu entdecken und sich seiner zu bedienen und so zu einer Sonne oder zu einem Sohne Gottes zu werden. Jetzt denkst du vielleicht, daß du noch einen sehr langen Weg gehen mußt. Das müssen wir alle. Aber wir, die wir zu euch sprechen, haben *gesehen.* Wir wissen, daß Leben im wesentlichen Licht ist. Und vollkommenes Leben ist die Herrlichkeit Gottes.

Sei geduldig. Schaue vorwärts und nie zurück. Wende dein Antlitz dem Lichte entgegen und gehe beharrlich, geduldig und vertrauensvoll deines Weges. In dem Maße, in dem du Licht oder Liebe aussendest, wirst du Licht empfangen. Sei hoffnungsvoll und nicht bedrückt. Wenn du traurig oder leidend bist, dann beten wir, daß du ein Zeichen der Kraft des Lichtes und der Liebe Gottes erhältst, so daß Wunder geschehen, sowohl in deinem Körper als auch in deinen Lebensumständen. Das Gesetz ist dies: Gott hat Seine Söhne und Töchter so erschaffen, daß *sie selbst* das Licht freisetzen müssen, ehe es *in* ihnen und in ihrem täglichen Leben wirksam werden kann.

Bleibe stets im Licht. Es vertreibt jeglichen Schatten und macht dich frei. Solche Freiheit heißt Frieden, Glück, Freude und ein Überfluß von allem, was du brauchst. Die Zeit wird kommen, da der Mensch fähig ist, die Einwirkung des Lichtes auf die Materie zu steuern, und er wird dies selbstlos, zum Guten aller, tun.

Licht ist Leben

Denkt oft über diese Dinge nach. Die Bibel versichert uns, daß Gott den Menschen nach Seinem Ebenbild erschuf. Das ist tatsächlich so. Sogar mit seinem heute noch begrenzten Verstand kann der Mensch Gott erkennen, als allmächtig, allweise und allgegenwärtig. Jeder einzelne von euch hat schon Beweise von göttlicher Liebe und weiser Führung erhalten, die euch von der Existenz einer intelligenten und liebenden Macht überzeugten.

Manchmal allerdings hat diese Macht euch in Situationen geführt, die unangenehm sind, und ihr leidet, weil ihr der Ansicht seid, die Dinge seien falsch gelaufen und nichts, was ihr euch wünschtet, wäre eingetroffen. Doch wenn ihr ein wenig weiser geworden seid, werdet ihr die Dinge anders sehen. Ihr wißt dann, daß Gottes Gesetze gerecht und vollkommen sind und daß alles, was in eurem äußeren Leben geschieht, wie unerwünscht es auch zu sein scheint, stets einen ausgleichenden Segen mit sich bringt.

Wenn du von einer Situation befreit wurdest, an welche du dich festklammertest, dann ist es so, wie wenn eine Mutter ihrem Kind ein gefährliches Spielzeug wegnimmt. Das Kind fängt an zu schreien, doch die weise Mutter sagt: »Nein, mein Kind, hier ist etwas anderes«, und sie gibt ihm ein geeigneteres Spielzeug. Wende dieses Beispiel auf dein eigenes Leben an und du wirst im Laufe der Zeit den Wert des Annehmens einsehen. Versuche das, was geschieht, hinzunehmen, wissend, daß Gott weise ist in allem, was ER gibt, und sogar besonders weise, wenn ER dir etwas vorenthält oder wegnimmt. Der Kernpunkt ist, daß die Menschenseele, welche sich entfaltet und an Gottesbewußtsein zunimmt, eigentlich gar nichts verlieren kann. Lediglich ihr begrenztes Bewußtsein hindert sie an der Erkenntnis, daß *alles da und alles gegenwärtig ist.*

Menschen, die viel Zeit im Gebet oder in der Meditation zubringen, werden zuweilen von den Mitmenschen mißverstanden, weil diese der Ansicht sind, aktiv zu sein sei besser als beten. Wohl ist es wahr, zur rechten Zeit handeln ist richtig. Doch jede Tat sollte aus der Meditation und dem Gebet hervorgehen und niemals aus emotioneller Spannung.

Die älteren Brüder

Wir wollen euch einiges über die älteren Brüder erzählen, die in den Höhen leben. Unter »Höhe« verstehen wir sowohl eine Erhöhung des Bewußtseins als auch einsame Berggegenden der Erde. Diese älteren Brüder haben eine Stufe geistiger Erkenntnis erreicht, auf der sie in engem Kontakt mit dem ewigen Geist Gottes stehen. Von dieser Stufe aus arbeiten sie unermüdlich an der geistigen Entwicklung und Entfaltung der Menschheit. In ihrem Einklang mit Gott ist ihr Seelenbewußtsein derart erweitert, daß sie mit allem menschlichen Leben in Kontakt stehen, und in diesem erhobenen Zustand werden sie zu Boten zwischen dem Schöpfer und Seinen Geschöpfen.

Sie behalten ihre physische Gestalt als Mann oder Frau. Da sie durch die verschiedensten Stufen menschlicher Erfahrung hindurchgegangen sind, haben sie großes Verständnis für die elementarsten Nöte eines jeden menschlichen Wesens. Sie sind ganz Liebe und Verstehen. Sie sind niemals allzu streng, noch üben sie Zwang aus. Sie lassen ihren jüngeren Brüdern die vollständig freie Wahl. Sie beten unaufhörlich zu Gott, und in dieser Anbetung strahlen sie Licht und Liebe über die ganze Menschheit aus. Die Mehrheit der Menschen hat keine Ahnung von dem Einfluß, der durch die Strahlkraft jener Großen ausgeübt wird. Trotzdem ist dieser Einfluß dauernd da, und so wirken die älteren Brüder ununterbrochen für dich und die ganze Menschheit.

Sie sind nie hastig und verurteilen niemanden. Junge Seelen sind allzu rasch in ihrem Urteil, doch die älteren Brüder sind geduldig, denn sie wissen, wie langsam die geistige Höherentwicklung der Kinder Gottes vor sich geht. Sie erwarten von niemandem zu viel. Diese älteren Brüder stehen der Menschheit sehr nahe. Sobald ein Mensch lernt, das göttliche

Gesetz anzuwenden und danach zu handeln, wird sein Seelenkanal dem Einströmen des Christuslichtes weit geöffnet.

Der Weltlehrer

Immer wieder wird gefragt, ob bald ein neuer Weltlehrer kommen würde, doch ihr wißt, daß nur *einer* der *erhabene* Sohn des Lichtes ist. Die Christen nennen ihn Jesus Christus. Durch Jesus von Nazareth schien einst das Licht. Durch andere Eingeweihte wird dasselbe Licht eines Tages scheinen, jedoch auf einer höheren Spirale, einem höheren Lebenszyklus.

Ihr werdet euch wahrscheinlich fragen, ob der Weltlehrer von der Kirche und vom Volk erkannt und angenommen wird, wenn er kommt. Das fragen wir uns auch, denn das ist gar nicht immer der Fall. Erst aus einer gewissen Distanz, oft erst nach Jahrhunderten findet ein Weltlehrer Anerkennung. Wir müssen uns stets vor Augen halten, daß es nicht auf die *Person* des Weltlehrers ankommt, sondern auf die Strahlung des Christuslichtes, das durch sie scheint. Im Laufe der Zeit wird sich die Menschheit wundern und wird beginnen, ihn zu verehren, wenn sie die Kraft und den Einfluß erkennt, die durch sein Leben in die Welt strahlen, besonders wenn sie die Weisheit seiner Lehre begreifen wird.

In der heutigen Zeit kommt der Weltlehrer den Menschen sehr nahe. Er bringt Alliebe und Allweisheit. Seine große Kraft und seine Liebe werden die feinstofflichen Körper des Menschen stimulieren. Dieser Einfluß ist jetzt schon auf Erden spürbar. Daher entsteht so manche internationale Schwierigkeit, mancherlei Umbruch und bittere Konfrontation verschiedener Ideologien. Eine Nation möchte dies und eine andere jenes tun, so daß sich die Menschheit aufführt wie Kinder in der Kinderstube. Die Menschen reagieren auf die Stimulation durch dieses große geistige Licht auf verschiedene Weise, weshalb, das ist ihnen unverständlich. Sie fühlen einen außerordentlichen Drang, vorwärts zu stoßen, sich durchzusetzen. Sie haben den Wunsch, Bruderschaft in primitivster Form zu verwirklichen. Hinter all diesen unreifen Formen von Unrast und Aufruhr wirken die Impulse, die von dem kommenden Licht des Weltlehrers ausgehen.

Ihr dürft ihn euch nicht als Einzelperson vorstellen. Während himmlisches Licht und himmlische Macht durch ihn wirken, bleibt das Einströmen dieser Kräfte nicht auf seine Persönlichkeit beschränkt. Vielmehr wird diese

Kraft wie Sauerteig im Brot wirken, in den Menschen den Geist anregen und die Schwingung der Erde erhöhen.

Wenn sich der Weltlehrer der Erde nähert, wird er viele Jünger mit sich bringen. Viele von diesen sind bereits hier und bereiten sein Kommen vor. Einige von euch mögen zu jenen gehören. Jünger werden gebraucht, um die Schwingung zu erhöhen, die Finsternis zu erhellen in Erwartung des Kommenden. Jeder Mensch muß sich geistig erheben, bevor er die geistige Wahrheit und deren Realität begreifen kann. Die Jünger sind schon dabei, den Weg vorzubereiten. Wenn dann die Menschen endlich bereit sind, werden sie ihre Augen erheben, um das heller werdende Licht wahrzunehmen.

Ursache und Wirkung

In bezug auf Wahrheiten, die für ihn lebenswichtig sind, hat der Mensch ein sehr schwaches Gedächtnis, das öfters der Auffrischung bedarf. Ihr vergeßt oft das Ziel und den Pfad, auf den ihr eure Füße gesetzt habt. Ihr vergeßt außerdem, daß ihr viel mehr seid als nur physischer Körper und Gemüt (mind) und daß ihr nicht sterben werdet, niemals sterben könnt. Ihr werdet nicht einmal wissen, wann euer eigener Tod stattfindet, denn wenn ihr euren Körper verlaßt, werdet ihr finden, daß ihr derselbe Mensch seid wie zuvor. Das Königreich des Himmels ist kein weit entferntes Land, in welches ihr eingeht, sobald ihr euren Körper abgelegt habt. Es ist in euch – *hier* und *jetzt.* Ihr seid hier auf Erden, eingehüllt in Materie, um euch durch eure Anstrengung das Werkzeug anzueignen, das ihr benötigt, um den Weg zu ebnen, der euch in jenes herrliche Reich bringt. Das kann nur durch eure eigene Anstrengung und durch eure geistige Entfaltung erreicht werden.

Es ist euch gesagt worden, daß, wenn ihr wahrhaft an Jesus Christus glaubt, dieser euch erlösen wird. Das stimmt, *doch nicht ohne eure Mitarbeit, eure Anstrengung, euer Einwirken auf euch selbst und eure Umgebung.* Wurde euch nicht gesagt, was ein Mensch sät, das wird er ernten? Eure Gedanken, Worte und Taten sind die Samen, die ihr tagtäglich, ein ganzes Leben lang sät. Das Resultat dieser Aussaat ist gewiß und unausweichlich. Wir wollen weder predigen noch irgend jemanden erschrecken. Wir vermitteln euch ganz einfach die Wahrheit, die ihr leicht nachprüfen könnt. Wenn die Dinge für euch schwierig werden, und ihr erlaubt es euch, euch darüber aufzuregen, dann erscheint das Leben sehr unangenehm. Wenn ihr euch andererseits daran halten könnt, daß die Dinge der Erde nicht so wichtig sind, werdet ihr glücklich bleiben. Seid ihr ungeduldig, so gelangt ihr in Schwierigkeiten, doch wenn ihr geduldig seid, in Ruhe auf Gott blickt und von ihm die benötigte Führung erbittet, dann ist alles gut.

Eure Gedanken und Taten sind wie Samen, deren Ernte eines Tages mit Gewißheit eingebracht wird, sowohl im Seelenbereich als auch im Bereich des Irdischen. Dies wird eure ganze Zukunft gestalten. Es ist die Auswirkung des vollkommenen Gesetzes und ist unausweichlich.

Hand in Hand mit diesem Gesetz, auch Karma genannt, geht ein ergänzendes Gesetz, das man im Osten Dharma nennt. Dharma bedeutet eine angebotene Gelegenheit. Es ist die Gelegenheit, aus allen Umständen und Gegebenheiten das Beste zu machen. Diese Lebensumstände und Umweltbedingungen bieten sich an, damit ihr euer Höchstes und Bestes gebt. Deshalb ist mit dem Gesetz von Karma oder Ursache und Wirkung – exakt, vollkommen, gerecht und wahr – das Gesetz von Dharma verknüpft, welches Gottes Gnade bedeutet. Gott ist gewiß immer liebevoll gegen Sein Kind, doch ER verspricht nicht, daß es ohne Leid und Arbeit geht oder daß man dem Wiedergutmachen seiner Verfehlungen aus dem Wege gehen kann. Vielmehr sagt ER: »Mein Kind, meine Liebe ist mit dir und will dir helfen.« Gottes Liebe ist Sein Erbarmen. Gott kann alle Wunden heilen, indem ER Seinen Kindern hilft, durch ihr selbstverschuldetes Karma hindurchzukommen. Die Gnade Gottes steht in enger Beziehung zur Gnade des Menschen. In dem Maße, in dem ein Mensch seinem Mitmenschen Gnade erweist, wird Gott *ihm* Gnade erweisen.

Wir streiften kurz die Macht Christi, Seelen zu retten. Das Licht Christi im Menschen ist tatsächlich seine einzige Rettung. Gott hat jedes Seiner Kinder mit dem Geist Christi ausgerüstet. Das ist die rettende Gnade im Leben. So rettet Christus alle, die in Unwissenheit und Sünde leben. Das göttliche Gesetz ist Liebe und das Brechen dieses Gesetzes ist Sünde. Durch Leid und Schmerzen, die aus einer solchen Gesetzesübertretung hervorgehen, nimmt der Mensch allmählich an Weisheit zu. Unkenntnis des göttlichen Gesetzes ist allerdings keine Entschuldigung für die Sünde.

Auf dem Pfad der seelischen Entfaltung ist der Dienst am Nächsten außerordentlich wichtig. Dieser Dienst kann sowohl auf der inneren als auch auf der äußeren Ebene geleistet werden.

Gott in Anbetung und Verehrung zu dienen ist notwendigerweise das erste Gesetz, und das zweite heißt: Liebe deinen Nächsten wie dich selbst.

Dienen in der Stille

Bei diesem Gedankengang erinnern wir uns der älteren Brüder, die ihr Leben in der Verehrung und Anbetung Gottes und in der Meditation verbringen. Auf diese Art helfen sie der ganzen Menschheit und verfeinern sogar die Substanz der Erde. Jedes Lebendigwerden des Geistigen im Menschen bewirkt dasselbe. Die älteren Brüder strahlen einen Einfluß aus, der langsam, aber sicher beide, die Menschheit und Mutter Erde, durchdringt. Gleichermaßen dienen alle, die Gott wahrhaft verehren, der Menschheit.

Das Leben ist Gottes größtes Geschenk an den Menschen, sowie seine Fähigkeit, geistig zu wachsen und sich allmählich eines reineren Lebens bewußt zu werden, eines Lebens – so harmonisch und schön –, wie es auf Erden noch nirgends zu finden ist. Dazu gehört dein Glaube an die Beeinflussung durch die Unsichtbaren, die dir stets im Geiste nahe sind, wenn du dich bereit hältst, sie zu empfangen. Mein Freund, wenn du mit ruhigem Gemüt über himmlische Dinge meditieren wolltest, würdest du den unsichtbaren Gast, den älteren Bruder oder die ältere Schwester einladen und seinen oder ihren Einfluß spüren.

Was wir euch sagen, ist wahr. Die Brüder des Lichtes wirken, um euch zu helfen. Sie sind immer mit euch. Sie lenken eure Gedanken aufwärts. Sucht zuerst nach dem Reich Gottes. Sucht zuerst den Kontakt mit dem unendlichen Geist. Bemüht euch, euren Schöpfer zu verehren und zu preisen. Dann seid ihr ganz einfach und schlicht wie ein Kerzenlicht. Ungezählte Kerzenlichter aber, die zu Gott emporgehalten werden, vergrößern auch *Sein* Licht und *Seine* Herrlichkeit.

Ihr könnt nicht allein und für euch leben. Ihr lebt für Gott und wenn ihr wachst und gedeiht, vermehren sich Sein Licht und Seine Macht. Warum hat euch Gott ursprünglich erschaffen? Weil ER ununterbrochen Freude und Leben spendet und letztendlich Freude und Leben von Seinen Kindern zurückerhält. Welch wundervolle Möglichkeit ihr doch habt! Welch gnadenreicher Pfad öffnet sich vor euch! O Herr, wie wunderbar sind Deine Segnungen, wie herrlich Deine Tempel. Laßt uns eintreten, um für immer und immer anzubeten …

DEN TOD GIBT ES NICHT

Die Toten leben

Am 11. November eines jeden Jahres gedenkt man in Großbritannien der Toten zweier Weltkriege. Viele Menschen möchten wissen, was mit denen geschieht, die auf dem Schlachtfeld fallen. Meine Freunde, betrachtet euren Körper, als sei er ein Übergewand. Dann nehmt an, daß dieses Gewand durchschossen, verbrannt oder durchnäßt wird, und ihr müßt zugeben, daß ein Gewand weder fühlen noch leiden kann. Genauso wenig fühlten oder litten die Soldaten, denn sie waren in jenem Moment bereits nicht mehr in ihrem Körper. Im gegebenen Augenblick wird der Geist aus dem Körper entfernt. Dies geschieht auf eine Art, die ihr nicht verstehen könnt. Es ist, als ob ein Schleier vorgezogen würde, so daß sich der Geist des körperlichen Leidens nicht mehr bewußt ist. Der Tod wird zu einem wunderbaren Erlebnis, trotzdem es anders aussieht, denn der Schein trügt. Das Herz erschrickt vor dem Gedanken an Schmerz und Tod, doch wenn der Tod eintritt – schwindet alle Angst. Die Seele ist sich nur noch eines großen Friedens bewußt – der Gegenwart Gottes. Was wir sagen, ist von Tausenden bestätigt worden. Ruft die Seele nicht instinktiv nach Gott, wenn sie in großer Gefahr schwebt oder dem Tode ins Auge schaut? Und Gott nimmt sich ihrer unweigerlich an. Der Augenblick des Todes wird weder gefühlt noch wahrgenommen. Diejenigen, die in der Schlacht sterben, mögen sich des nahenden Todes bewußt sein, und plötzlich befinden sie sich außerhalb ihres Körpers. Sie können sogar ihren fallenden Körper beobachten, doch in ihnen selbst ändert sich nichts. Jemand erwartet sie und bringt sie an einen Ort, wo sie Ruhe und Erholung finden. Für sie ist alles natürlich und normal. Sie sind glücklich. Auch von ihren Verwandten, die sie häufig während der Schlafenszeit besuchen, sind sie nicht getrennt.

Es ist schade, daß viele, die trauern, nicht wissen, was nach dem Tod geschieht. Sie bekommen weder eine Botschaft, noch haben sie ein Gefühl dafür, daß ihre Liebsten nahe sind, und es bleibt für sie nichts als traurige Erinnerung – so wenigstens meinen sie. Sie mißverstehen die Bibel und ziehen einen unsichtbaren eisernen Vorhang zwischen beide Welten. Andere meinen, daß der Mensch den Tod wohl überlebe, aber für immer der Erde entrückt sei. Wir hörten euch sagen: »Mein Liebster hat mich für immer verlassen. Ich werde ihn im Jenseits niemals wiederfinden können. Er ist nun schon so lange in der anderen Welt und ist sicherlich weit über mich hinausgewachsen.«

Wir wollen euch helfen zu verstehen, was wirklich geschieht. Viele, viele Male haben wir euch gesagt, wo wahre Liebe ist, gibt es keine Trennung, denn in einer solchen Liebe seid ihr alle vereint. Auf einer gewissen Bewußtseinsstufe wird der Kontakt mit den Heiligen Wirklichkeit.

Die Seelen der Menschen sind wie Tropfen im Ozean oder wie Sand am Meer. Jede Seele ist ein Individuum, jede eine Einheit, alle aber können sich zu einem großen Ganzen vereinigen. Viele Menschen fürchten, daß sie, wenn sie eine bestimmte Vergeistigung erreicht haben, ihre Identität in Gott verlieren, doch das ist nicht so. Gott hat euch erschaffen als Seinen Sohn oder als Seine Tochter, und das für alle Ewigkeit. Natürlich seid ihr stets ein Teil Gottes, doch ihr habt einen individuellen Geist, und wenn ihr euch dereinst mit der großen Familie Gottes vereinigt habt, bleibt ihr trotzdem ein individuelles Wesen und behaltet eure Identität.

Versuche, nie die materiellen Dinge den göttlichen Dingen vorzuziehen. »Suchet zuerst das Reich Gottes.« Lasse dieses Reich zu deinem vordringlichsten Herzenswunsch werden, zum ersten Gedanken beim Erwachen. Suche Gott und alle Schönheiten Seiner Welt. Dann lebst du für ein Ziel. So schreitest du diesem endgültigen Ziel entgegen, der vollständigen Vereinigung mit dem heiligen, universalen Leben – dem Einswerden mit dem VATER. Immer aber bleibst du du selbst, denn ER hat dich mit einer Persönlichkeit ausgestattet. Trotzdem kommt dein schönster Augenblick, wenn du gelernt hast, dein Selbst aufzugeben, wenn du erkannt hast, EINS mit dem GANZEN zu sein, und somit fähig geworden bist, dich in die Gemeinschaft der Heiligen einzureihen.

Zu gewissen Zeiten (in England am 11. November jeden Jahres, in anderen Ländern zu Allerseelen, Allerheiligen) kommt eine gewaltige Schar von Seelen zur Erde, denn die Menschen gedenken in Liebe der Verstorbenen. Wann immer die Menschen beten und ihrer Lieben gedenken, wird für diese ein Weg geöffnet. Dann kommen so viele Seelen an den speziellen Gedenktagen zur Erde, um ihren Lieben etwas von dem Licht und der Wahrheit zu bringen, die sie selbst gefunden haben. Wir möchten aber klarstellen, daß du nicht zu sterben brauchst, um in der höheren Welt diejenigen zu sehen, die dort wohnen.

Wir sprechen jetzt ganz speziell zu jenen, die einen lieben Mitmenschen verloren haben. Wir sagen dir, deine Lieben sind genau dieselben, die du vor ihrem Tod kanntest und liebtest. Es ist die gleiche Persönlichkeit, ist immer noch dein Vater, dein Sohn oder Bruder, deine Mutter, deine Tochter oder Schwester, dein Mann oder deine Frau. Sie sind genau dieselben – lediglich viel glücklicher, denn sie sind frei von irdischen Sorgen, Nöten und Wirren. Ihre Freude vermehrt sich, wenn sie fühlen, daß du mit ihnen von Seele zu Seele verbunden bist und daß du glaubst und weißt, daß sie nahe sind. Versuche als Seele mit ihnen zu reden, rede in Gedanken, als seien sie wirklich da.

Wir sagen dir in aller Liebe, daß du einen großen Teil deines eigenen Leides selbst verursachst. Du meinst nun, wie könnten wir so etwas sagen, wenn dein Herz durch einen Todesfall trauerte. Natürlich trägst du keine Schuld an der Ursache deiner Trauer, doch du leidest zufolge deiner Einstellung an diesen Dingen. Hättest du die Gabe entwickelt, die

Nebel des Irdischen zu durchdringen, würdest du wissen, daß dein Liebster nicht tot ist oder von dir fortging. Eine Verbindung von Seele zu Seele ist möglich, wenn du in dir das Bewußtsein der Einheit-allen-Lebens trägst. Lerne, Gott so zu lieben, daß du weißt, daß Gott Liebe ist und ER dich liebt. In IHM ist kein Tod, sondern Leben im Überfluß. Dein Liebster wohnt sowohl in Seiner Liebe wie auch in deinem Geist. Deshalb ist er bei dir, und nicht verloren oder weit entfernt.

Denke niemals, daß jemand »tot« sein könnte. Stelle dir vor, wie er intensiver als vorher lebt in einem Land, das er liebt. Denke auch bitte nicht, daß er müßig sei, denn das fände er bestimmt nicht interessant. Wo sein Herz ihn hinzieht, dort wird er seine Arbeit finden und nach Herzenslust tätig sein.

Glaube uns, daß alle Erfahrungen deines täglichen Lebens nötig sind, um dich zu belehren und zur Selbstdisziplin zu bringen, auch dann, wenn sie manchmal schmerzlich sind, denn Freude kommt durch Leid. Der Weise weiß, wenn eine scheinbare Tragödie einer Familie Trauer bringt, wird diese alsbald erfahren, daß sich hinter dem Tod ein weiser Zweck verbirgt, der letztendlich Erfüllung bringt.

Der Weise trauert weder um die Toten noch

um die Lebenden, denn er weiß, daß Gott in Seiner weisen und mitfühlenden Güte alle Seine Kreaturen umsorgt und umhegt. Wie könnten wir je die richtigen Worte finden, die den ängstlichen Herzen der Menschen die große Güte, die überwältigende Schönheit und den immerwährenden Frieden Gottes begreiflich machen?

Wahrer geistiger Kontakt

Was geschieht mit einem Neugeborenen oder Kleinkind, wenn es stirbt? Vom materiellen Standpunkt aus betrachtet, scheint ein solches Kind tatsächlich zu sterben. Im Moment des Überganges aber ist ein Engel des Todes anwesend, der die Seele des Kindes in einen tiefen Schlaf versetzt und sie dann liebevoll und zärtlich hinwegträgt. In der geistigen Welt erwacht das Kind. An seiner Seite findet es den Geist der göttlichen Mutter. Ihr liebevoller Einfluß umfängt es und nimmt ihm jede Angst.

Es sind bereits Vorkehrungen getroffen worden, um dem besonderen Temperament des Kindes gerecht zu werden. Oft ist eine geliebte Seele, eine Großmutter oder wenn möglich seine eigene Mutter, die vielleicht gerade schläft, gegenwärtig. Nachbildungen seiner liebsten

Spielsachen nehmen seine Aufmerksamkeit in Anspruch. Kinder, die ins Jenseits hinüberkommen, leiden in keiner Weise unter dem Gefühl eines persönlichen Verlustes. Da sie nur eine relativ kurze Zeit von ihrer geistigen Heimat getrennt waren, sind sie in der geistigen Welt fast noch wie zu Hause. Für sie ist es wie eine Heimkehr an einen Ort, an den sie sich noch erinnern und welchen sie lieben, trotzdem die Erinnerung an ihre neu erworbenen irdischen Eltern auch da ist. Bald freuen sie sich an allem, was für sie vorbereitet wurde, um sie glücklich zu machen. Sie leben in Heimwesen, in schöner ländlicher Umgebung, freuen sich an ihren Lieblingsspielen und anderen Erholungen. Sind sie alt genug, kommen sie in eine Schule oder an einen Ort des Lernens. Wohin sie auch gehen, sind sie von dem Gefühl göttlicher Liebe durchdrungen und wissen, daß sie in der Geborgenheit sind. Glückstrahlend durchforschen die Kinder ihre Umgebung. Sie werden mit der Natur ihrer Welt vertraut und schließen Freundschaft mit den Naturgeistern, den Elfen und Gnomen, die in Fülle dort leben. Sie befreunden sich auch mit den Kindern, die neu vom Erdenleben herüberkommen.

Überdies sind sie mit ihren Eltern immer noch in Verbindung, besonders wenn diese während des Schlafens zu ihnen kommen. Die Eltern vergessen zumeist ihren Traum der Wiedervereinigung und erinnern sich auch nicht mehr an das Heim der Kinder und dessen Umgebung. Im Jenseits wachsen die Kinder rasch auf. Die Zeit dort läßt sich nicht mit der Zeit der Menschen vergleichen. Diejenigen, die ein geliebtes Kind durch den Tod verloren haben, können versichert sein, daß ihm nichts fehlt. Kommt dann ihre eigene Zeit des Überganges, werden sie mit ihrem Kind wieder zusammentreffen. Damit keine Entfremdung entsteht, nimmt es für eine Zeitlang das den Eltern bekannte Aussehen an.

Das Leben im Jenseits wäre ohne die Kameradschaft der Tiere unvollständig. Auch diese überleben den Tod und erfreuen sich eines Lebens in Freiheit mit allen Freuden ihres Tierlebens, jedoch mit dem Unterschied, daß sie weder jagen noch töten. Für sie ist ihr neues Leben eine Fortsetzung des alten, doch vollkommen und schön in jeder Hinsicht. Sie erinnern sich an ihren ehemaligen Meister und die Freunde und warten auf deren Kommen.

Denjenigen, die Beweise haben wollen, können wir lediglich wiederholen, was wir einst jemandem sagten, der uns bat, ihn vom Leben nach dem Tod zu überzeugen. Wir fragten ihn, ob er in der Lage sei, uns einen überzeugenden Beweis zu liefern, daß es *kein* Leben nach dem Tod gäbe. Das konnte er nicht. Niemand kann diesen Gegenbeweis antreten. Andererseits haben Tausende, ja Millionen Menschen persönliche Beweise von einem Weiterleben jenseits des Grabes erhalten. Einzelne Episoden, isolierte Berichte von einem Überleben, sind jedoch noch keine allgemeingültigen Beweise. Sogar wenn wir in diesem Moment bemerkenswerte psychische Phänomene hervorbrächten, sie würden immer noch nicht eindeutig beweisen, daß eure Persönlichkeit das Grab überdauert.

Die Wahrheit ist eine Offenbarung Gottes in des Menschen eigenem Wesen. Der einzige wahre und dauerhafte Beweis der Unsterblichkeit offenbart sich im Innersten des menschlichen Geistes und ist nicht vom Äußeren abhängig. Erfolgt diese innere Offenbarung, dann bist du sicher, daß gewisse Dinge unumstößlich wahr sind. Solltest du aber aufgefordert werden, dies *anderen* Menschen zu beweisen, wäre das für dich äußerst schwierig. Du kannst dir die Dinge zu deiner eigenen Zufriedenheit beweisen, denn der Gott in dir kennt die Wahrheit. Auf ähnliche Weise sollte das Göttliche in jedem Menschen die Wahrheit oder Gott-im-Nächsten erkennen können.

Deshalb sagen wir zu jenen, die Beweise für ein Leben nach dem Tod haben wollen: Folgt dem Licht in eurer eigenen Seele. Sucht Offenbarung, und so sicher, wie der Tag auf die Nacht folgt, werdet ihr Erfahrungen sammeln, die euch absolute Beweise von einem Leben bringen, das über dieses irdische Leben hinausgeht.

Indirekter und direkter Kontakt

Ihr werdet wissen wollen, ob es für eine Seele im Jenseits möglich ist, über ein Medium mit Menschen auf der Erde in Gedankenaustausch zu kommen. Ja, echte Kontakte kommen auf diese Art zustande, aber es ist eine etwas unsichere Methode, weil vollkommene Bedingungen nicht leicht zu erreichen sind. Trotzdem kann ein solcher Kontakt durch ein Medium die Seelen auf beiden Seiten des Schleiers trösten, besonders nach einem kürzlich erfolgten Tod, und das sollte nicht als unerwünscht oder falsch gewertet werden.

Dürfen wir euch nahebringen, wie wichtig es ist, alle eure Sinne zu schärfen, wenn ihr erhofft, Botschaften aus der Welt des Geistes durch ein Medium zu erhalten. Oftmals wurden wir recht traurig, wenn wir die Bemühungen beobachteten, welche Jenseitige unternahmen, um einen Diesseitigen zu erreichen, der so schwer von Begriff schien und so wenig Verständnis zeigte. Andererseits wissen wir, daß ihr eigentlich auf alles eine fertige Antwort haben möchtet. Die Jenseitigen aber wollen es euch nicht so leicht machen, nicht weil sie euren logischen Verstand ablehnen, sondern weil sie wünschen, daß ihr eure eigenen göttlichen Gaben gebrauchen sollt. Sie wollen, daß *ihr selbst* einen Teil der Arbeit leistet. Mediale Kommunikation ist wie eine Brücke, die von einer Welt zur anderen reicht. Von beiden Seiten muß man sich Mühe geben, um eine »Zusammenkunft« zu erreichen. Deshalb wißt, daß ihr genauso verantwortlich seid für euren Teil der Brücke, wie es die Jenseitigen für den Teil sind, den sie zu bauen haben.

Wie wir bereits erwähnt haben, bedienen wir uns des Ätherleibes für eine Kontaktnahme von uns zu euch. Der Ätherleib ist mit dem Nervensystem eng verbunden, ja er durchdringt es, und da ein Medium überaus sensitiv ist, wird während einer Übertragung sein Nervensystem stark beansprucht.

Viele Leute haben versucht, Instrumente zu konstruieren, die als Brücke zwischen dem Jenseits und dem Diesseits dienen sollen und die somit das Medium überflüssig machen. Sie glauben, daß eine mit solchen Mitteln erreichte Kommunikation viel zuverlässiger sei. Wir sind anderer Ansicht. Wir meinen, daß ein Kontakt zwischen den beiden Welten bis zu einem gewissen Grad immer vom ultrasensitiven menschlichen Organismus abhängt.

Es gibt eine »äußere« und eine »innere« Kommunikation. Die erstgenannte benötigt ein Medium und äußert sich auf verschiedene Arten, wie Hellsehen, direkte Stimme, Tieftrance, Psychometrie oder automatisches Schreiben. Trotzdem viele echte und gute Kontakte auf diese Art und Weise stattgefunden haben und immer noch stattfinden, sollt ihr euch bewußt sein, daß die so erhaltenen Botschaften nicht notwendigerweise immer von der geistigen Welt kommen. Sie können auch aus dem Unterbewußtsein stammen, oder im Falle von gewisser Hellsichtigkeit und der Psychometrie sind sie eine Art von »Aura-Lesen«. Wir sagen nicht, es sei unmöglich, daß klare, echte Botschaften durchkommen, doch wenn ihr die oben genannten Faktoren in Betracht zieht, müßt ihr zugeben, daß diese Art der Verständigung unter Umständen unzuverlässig sein kann. Manchmal kommt eine Botschaft klar und eindeutig – ein anderes Mal ist sie unklar und verwirrt. Ein Medium muß gewisse Qualifikationen aufweisen, wie die Gabe, sich auf Gott einzustellen, oder anders gesagt, Kopf und Herz der absoluten Wahrheit, Weisheit und Liebe Gottes zu unterziehen. Wir betonen, daß sich das Medium vollständig auf die Wahrheit konzentrieren muß, nur dieses und nichts anderes wünschen darf, indem es alle Eigenwünsche ausschaltet, und das ist nicht leicht für einen gewöhnlichen Menschen.

Deshalb ist es weiser und sicherer, die eigenen geistigen Fähigkeiten zu entfalten. Wir denken hier nicht an eventuelle außersinnliche Wahrnehmungen, sondern an die Fähigkeit der Bewußtseinserweiterung, so daß du selbst direkten Kontakt aufnehmen kannst. Ein Gefühl, eine Überzeugung im Herzen, daß dein Liebstes direkt zu dir gesprochen hat, zählt mehr als viele übersinnliche Beweise. Jenseits aller »äußeren« Methoden der Kommunikation liegt, was wir die innere, geistige Verbindung, die direkte »Kommunikation des Geistes« nennen wollen. Wer diese Art der Verbindung erreicht, nähert sich dem Kontakt mit der reinen Wahrheit. Denn sie kommt nicht via übersinnliche Fähigkeiten, sondern findet im Herz-Zentrum (Herz-Chakra) statt. Vermutlich weißt du, wo das Herz-Chakra liegt. Dem Hellsehenden zeigt es sich wie eine Lichtscheibe in der Herzgegend. In einem geistig noch nicht Erwachten glüht sie gerade sichtbar, doch in einem geistig Erleuchteten strahlt sie rein und schön. Bei Heiligenbildern sieht man manchmal ein strahlendes Juwel auf der Brust. Unsere katholischen Freunde stellen das Herz-Chakra auf Jesusbildern durch ein flammendes Herz dar. Diese innere Verbindung mit der geistigen Welt findet über das entwickelte strahlende Herz-Chakra statt, und Worte sind dabei nicht nötig. Sollen wir sie die Sprache des Herzens nennen? Der Empfänger einer solchen Botschaft aus der geistigen Welt hat eine absolute innere Gewißheit über deren Quelle. Manchmal bekommt ihr durch ein Medium einen Hinweis, der eure Gedanken in eine gewisse Richtung lenkt und euch in Kontakt mit einer geistigen Bewußtseinsebene bringt, aus der ihr diese innere Gewißheit bekommt. Ihr seid dann vielleicht nicht in der Lage, die Quelle dieses Wissens jemand anderem zu erklären, seid aber absolut sicher, daß ihr mit einer Seele, die euch sehr teuer ist, in

Kontakt seid. Hierzu braucht es keine Worte. Es ist ein Einfließen geistigen Lichtes von Herz zu Herz, eine seelische Verwandtschaft. Ihr habt einen wahren, echten Kontakt erlebt.

Normalerweise gelingt diese innere Verbindung mit dem Jenseits denen, die sich hierfür vorbereitet haben. Doch braucht man nicht unbedingt allein zu sein in einer Kirche oder einem Tempel. Durch ein tiefempfundenes Gebet, einem selbst kaum bewußt und vielleicht ohne Worte, erhebt man sich zu Gott. Wahres Beten stellt die Verbindung her mit der Welt des Geistes.

Du sollst natürlich über solche Dinge vernünftig denken und ausgeglichen sein. Lebe auf die richtige Art und Weise, wissend, daß du zu einem ganz bestimmten Zweck in einem materiellen Körper lebst. Die Verbindung mit der Welt des reinen Geistes wird dir nicht vorenthalten, wenn du demütig im Herzen bist, einfach im Glauben bleibst und der ewigen Liebe vertraust. Vernimmst du aus der geistigen Welt etwas, das weise, göttlich, wahr und schön ist, dann sage nicht hinterher: »Das war alles nur Einbildung.« Kein Besucher aus den höheren Regionen wird dir eine Botschaft bringen, die den Gesetzen Christi widerspricht, oder Worte gebrauchen, die unfreundlich und verletzend wären, noch wird er dich jemals in die Irre führen. Was aus der Christussphäre kommt, trägt ihr besonderes Siegel. »An ihren Früchten wird man sie erkennen.«

Zusammenfassend können wir sagen, daß die Vorbedingungen für einen klaren Kontakt Seelenfrieden und Stille sind, nicht nur im äußeren Leben, sondern tief im Inneren. Jenseits aller Konflikte ist die Stille, und in dieser Stille ist Gott. Gott ist der Ursprung jeder geschaffenen Form, jeder Aktivität und jeder Offenbarung.

Das Licht in dir ist nicht allein auf dich beschränkt, denn je mehr es wächst, desto mehr strahlt es nach außen und reicht bis ins All. Dann kommst du, wie es dein inniger Wunsch ist, mit strahlenden Wesen in Kontakt. Vergiß nicht, daß deine Lieben, nachdem sie durch die Astralwelt hindurchgegangen sind, in eine höhere Ebene eingehen, wo du sie von Angesicht zu Angesicht treffen kannst. Verfalle nie in den Fehler zu glauben, daß du, weil du in einem physischen Körper lebst, auf diese materielle Welt beschränkt bist. Du bist sowohl göttlich als auch menschlich. Du hast einen himmlischen und einen physischen Leib. Der himmlische Leib wurde dir verliehen, damit du dich seiner jetzt schon bedienen kannst. Es ist ein großer Fehler zu glauben, daß die Herrlichkeiten des Himmels unerreichbar seien. Im Verlaufe seiner Entwicklung wird der Mensch lernen müssen, wie er als Wanderer, als Besucher, in seine wahre Heimat, die himmlische Welt, gelangen kann, um dort mit eigenen Augen die Wunder zu schauen, die für jede Gott liebende Seele bereitet wurden. Der Ort dieses geistigen Kontaktes ist der Tempel innerhalb eures eigenen Wesens, von dem Jesus sprach. Alle Meister aller Zeiten haben ihre Jünger gelehrt, die geistige Verbindung zu suchen, bei welcher das Brot des Lebens gegessen und der Wein des Lebens getrunken werden kann. Der Heilige Gral, meine Freunde, ist in eurem Herzen, und er ist zugleich der kosmische Kelch. Folgt eurem Pfad unentwegt und ausdauernd und ihr werdet das Ziel mit Sicherheit erreichen und die wahre Lebensfreude kennenlernen. Die Nebel weichen, und Glück wird eure Krone sein.

… ist stark im Helfen

Die Heilung der Welt

Hinter euch steht eine Macht, die euer Begriffsvermögen übersteigt. Gott wartet ja nur darauf, daß ihr, Seine Kinder, gewillt seid, ein Kanal zu werden. Wohl wissend, daß ihr selbst nichts seid, erwartet ER, daß ihr dient. Möge sich dieser Kanal weit öffnen, damit das Licht hindurchströmen kann. Durch die Lenkung eurer Gedanken können auf diese Weise Nationen, ja die ganze Welt geheilt werden.

Im Dienst des Meisters

Jederzeit kannst du zum Dienst des Meisters aufgefordert werden. Da diese Aufforderung aber nicht immer deinen Erwartungen entspricht, ist es möglich, daß du dir nicht bewußt bist, gerufen und erwählt worden zu sein. So sei bereit in deinem Herzen, denn du kennst weder Tag noch Stunde, da der Meister kommt.

Sei unermüdlich

Sei unermüdlich in deiner Arbeit, doch verlasse dich nicht auf deine eigene Kraft. Das wäre eine Einschränkung. Wende dich an den himmlischen Vater für das, was du brauchst, und bitte zusätzlich um Seine Kraft. Sei unerschrocken, sei unermüdlich, doch verlasse dich nicht nur auf dich. Wende dich an die wunderbare, unerschöpfliche Liebe des Sohnes, an Christus.

Laß das Licht leuchten

Nichts ist wichtiger, als das Christuslicht im Inneren leuchten zu lassen. Das allein gibt dir die Kraft, jene kleinen Dienstleistungen zu verrichten, die der Meister von dir verlangt. Wie du in deinem eigenen Bereich mit Mut und Geduld wirkst, so wirst du durch ein sich stets erweiterndes Bewußtsein belohnt und erfährst die Kameradschaft und tatkräftige Hilfe in deinem materiellen Leben von seiten deiner unsichtbaren Brüder.

Was du auch immer tust

Es ist nicht so wichtig, was du auf Erden arbeitest. Wichtig allein ist, daß du deine Arbeit mit ganzem Herzen, mit ganzer Kraft und mit ganzer Seele verrichtest. Bitte auch um Weisheit, daß du immer das Rechte tust, und bitte um Mut, daß du auf deinem Pfad nicht verzagst.

Das Gute, Wahre und Schöne

Wir bitten euch, am Guten, Wahren und Schönen festzuhalten, in eurer Lebenseinstellung positiv zu sein und Geist und Seele dem Einfluß der Boten aus anderen Welten in selbstloser Weise zu öffnen. Sie bauen auf euch und erwarten, daß ihr zum Kanal werdet für den durchfließenden Geist Christi, damit alles Leben gefördert und verschönert werden kann.

Ich, wenn ich erhoben werde …

Wenn ihr euch bemüht, den Christus in euch zu wecken, tragt ihr dazu bei, die ganze Menschheit zu erheben. Ihr könnt keine Anstrengung machen, himmelwärts zu streben, ohne daß die ganze Welt, ja sogar die Erde selbst gewinnen würde. Seht ihr die Verantwortung, die ihr tragt, meine Freunde? Welche wunderbare Gelegenheit ist euch geboten. Erlaubt es den finsteren Mächten nicht, daß sie euch eures Geburtsrechtes auf Glück und Frieden berauben sowie eures Anrechtes, dienen und beten zu dürfen. Friede sei mit euch – Friede und große Freude.

Schaue ins Licht

Dein ganz persönlicher Beitrag zum großen Plan der Menschheitsentwicklung ist, ohne Unterlaß an die Liebe Gottes zu denken, immer ins Licht zu schauen und dich so zu schulen, daß du Gottes Güte in allen anderen erkennst.

Der Sohn wird in dir geboren

Du sehnst dich danach, anderen zu helfen. Wir aber sagen dir: Die größte Leistung ist die Entfaltung des Christuslichtes in deiner Seele, denn der Christus ist latent in dir und in aller Menschheit. Deine und unsere spezielle Aufgabe ist es, zu erlernen, wie man dieses Licht in die Dunkelheit irdischer Ignoranz einstrahlt.

Nimm deine Aufgabe an

Jede individuelle Seele hat ihre eigene Aufgabe. Jeder von euch ist aufgerufen worden. Keiner kann des anderen Arbeit tun. Jeder hat seine eigene Bestimmung. Deshalb sagen wir dir: Nimm deine Aufgabe an, mein Freund. Akzeptiere sie, so wie sie vor dir liegt, und bete zu Gott, daß du nicht versagst.

Hilfe von oben

Du wirst Hilfe erhalten, wenn du nicht mit deinem Verstand, sondern in der Tiefe deines Wesens ruhig darum bittest. Bitte Gott in dir um Hilfe, und du mußt nicht befürchten, deine Kraft könnte die vorliegende Aufgabe nicht bewältigen.

Die Füße auf der Erde –
das Haupt im Himmel

Halte deine Füße auf der Erde, doch hebe dein Antlitz auf zu den Himmeln – und das Licht, das aus der Höhe in dich einfließt, wird deine Füße sicher auf den richtigen Pfad lenken. Habe Vertrauen in jenes Licht. Beuge dich mit ruhigem Gemüt und einem Herzen voll Liebe der unendlichen göttlichen Weisheit.

Erzwinge nichts

Versuche nie, Türen aufzustoßen und mit Gewalt irgendwo einzudringen. Warte vielmehr, und du wirst die Kräfte, die du benötigst, speichern, um zur gegebenen Zeit deine Arbeit zu vollenden.

Kreuzigung

Es soll dich trösten, wenn wir dir sagen, daß jeder, der Schmerz und Qual erleidet – was man als Kreuzigung bezeichnen könnte –, etwas für die Gesamtheit tut. Jeder, der solche Seelenprüfungen erfährt und sie in der gleichen bestimmten und ruhigen Weise erduldet, wie es Meister Jesus tat, wenn auch in viel geringerem Maße als Er, trägt dazu bei, die Schwingung der ganzen Erde zu erhöhen.

Wenn Liebe dein Herz regiert

Um angemessen zu dienen, muß die Seele Opfer bringen. Man muß auf selbstsüchtige Wünsche verzichten. Der Meister gab hierzu das Beispiel – sogar zum Opfer Seines Lebens. Es gibt kein wahres Dienen ohne Opfer. Ihr mögt hiervor zurückschrecken, meine Freunde, doch das Gesetz des Lebens könnt ihr nicht ändern. Wenn aber Liebe das Herz regiert, bringt jedes Dienen und jedes Geben so viel Freude, daß ihr es nicht mehr als Opfer empfindet.

Hand in Hand mit Gott

Was auch immer deine Arbeit im Leben sein mag, es ist eine Form des Dienens. Wie einfach oder eintönig sie dir erscheint, sie ist dennoch deine ganz spezielle Bestimmung und du kannst durch diese deine Arbeit einen Beitrag zum Glück aller leisten. So wirke Hand in Hand mit Gott und sei dankbar für jede Gelegenheit zum Dienen, die auf dich wartet.

Der größte Dienst

Eine einzelne Seele kann der ganzen Welt helfen. Du sagst: »Ich möchte eine Arbeit tun. Verfüge über mich, hier bin ich.« Mein Freund, du brauchst nicht zu kommen, um dich anzubieten. Die wichtigste Arbeit ist immer in greifbarer Nähe und wartet in deinem Herzen Tag für Tag. Der größte Dienst, den irgend jemand verrichten kann, ist: Immerwährend richtig denken – dauernd lieben – alles vergeben.

Schritt für Schritt

Sei nicht in Eile, wenn es um geistige Dinge geht. Gehe Schritt für Schritt und sei deiner Sache sicher. Wenn die Zeit reif ist, wird dir die Gelegenheit gegeben, jene Arbeit zu tun, die der Meister für dich geplant hat.

Blumen öffnen sich langsam

Bemühe dich, das Bild des Meisters über der breiten Masse zu sehen und Seine Stimme in deinem Herzen zu hören. Er führt dich sanft, damit du friedlich und mutig das tust, was du tun sollst. Dann, mein Freund, wirst du nicht ohne Freude und Hoffnung sein. Wenn nicht alles so geht, wie du es dir gedacht hast, dann sei gewiß, daß es einen besseren Weg gibt. Vertraue und wisse, daß der wahre Weg der Weg der Liebe ist. Blumen wachsen nicht in Windeseile. Blumen öffnen sich langsam im Sonnenlicht.

Weisheit

Weisheit wird jenen zuteil, die in ihrer Seele ruhig und gelassen sind und auf den Herrn warten können. Weise wird man durch eine sich stets erweiternde Liebe.

Quell der Wahrheit

Dein Geist ist ein Teil Gottes und alles Wissen liegt in dir. Wenn du in der Meditation tief in dein Innerstes dringst, findest du dort das Zentrum der Wahrheit, den Quell unbegrenzter Kräfte, die nur darauf warten, genützt zu werden. Dort findest du auch den Quell von Glück und Gesundheit.

Intuition

Der Weg zur Wahrheit führt über den Geist. Unglück, Tumult und Chaos sind nur in der äußeren Welt zu finden. Du denkst mit dem sterblichen oder äußeren Verstand, welcher ein Teil des Irdischen ist. Du solltest aber mit dem inneren Verstand denken. Du tätest besser daran, alle Probleme mit Hilfe des inneren Selbst zu lösen – durch deine Intuition. Das Wort In-tuition erklärt sich selbst. Es heißt: »Innere Belehrung«. Du suchst immerzu Hilfe von außen, während doch allezeit die Hilfe, die du brauchst, inwendig ist. Die Welt des Geistes, von der so viele reden, an die so viele glauben und die viele von euch erreichen wollen, diese Welt des Geistes ist – inwendig in dir!

Suche das Gute

In deinem Suchen nach Wahrheit solltest du unaufhörlich Gedanken des guten Willens, der Brüderlichkeit und der Liebe aussenden. Suche immer nur das Gute, auch wenn es im Vergleich zu anderem winzig erscheint. Verströme Gedanken der Liebe und des guten Willens. Du weißt ja gar nicht, wie viel Gutes du tust, wenn du dem höheren Verstand erlaubst, dein Leben zu beherrschen.

Sei unverzagt

Arbeite stets mit dem Licht, wissend, daß du durch das Aussenden desselben mithilfst, das Licht im Mitmenschen zu stärken. Schaue nicht zurück und werde nicht verzagt durch unwichtige Kleinigkeiten, die deinen Geist trüben könnten. Blicke vorwärts ins Licht und erkenne, daß Gott Seinen Plan verfolgt und daß alle Dinge zum Guten ineinanderwirken, für den, der Gott liebt.

Eine Lösung finden

Die göttliche Weisheit will stets das Gute für die Gesamtheit. Suche daher bei deinen irdischen Problemen nicht die rein persönliche Lösung, sondern suche nach zugrundeliegenden Prinzipien. Kannst du dein Problem einem Prinzip oder anders ausgedrückt, den Gedanken des Meisters angleichen, dann wirst du immer eine gute Lösung finden.

Gedankenkraft

Der Jünger des Meisters muß über seine Gedanken ein gewisses Maß von Kontrolle gewinnen. Wir schlagen vor, daß ihr euch in die Hand nehmt und über die Einzelheiten des täglichen Lebens Meisterschaft erringt. Laßt weder euren Körper noch euren Verstand tun, wie sie wollen. Erlangt Befehlsgewalt über Körper und Verstand. Solche Selbstdisziplin wird allmählich zur Gewohnheit.

Richtige Perspektive

Willst du in einer gewissen Lebenssituation ein klares Bild erhalten, dann versuche nicht, die Dinge aus nächster Nähe zu sehen. Betrachte sie vielmehr von höchster Warte aus, von der Ebene des Geistes – und du wirst erstaunt sein, in welch anderem Licht deine Probleme erscheinen.

Denke göttlich

Widersetze dich im privaten und öffentlichen Leben dem Pessimismus und dem negativen Denken. Denke nur Gutes. Denke göttlich. Was immer deine Schwierigkeiten sind, setze Gott und göttliche Gedanken an deren Stelle. Denke göttliche Dinge. Schaue, wie dein Bruder, selbst wenn es nicht so erscheint, Gott entgegenstrebt. Erkenne, wie sich die Welt zum Geistigen entwickelt.

Tue dein Bestes

Tue dein Bestes, selbst wenn du scheinbar Fehler machst. Kannst du denn beurteilen, ob es wirklich Fehler sind? Folge dem höheren Antrieb, der dich dazu drängt, das Beste, was du in dir hast, im Dienst an Menschen und Engeln zu geben. So wirst du zu einem sich stets erweiternden Kanal für das Licht des Meisters.

Bist du im Zweifel – dann tue nichts

Wenn du im Zweifel bist – sei still und warte. Ist der Zweifel beseitigt, dann gehe mutig voran. Solange du vom Nebel umhüllt bist – bleibe stehen, bis das Sonnenlicht durchbricht und den Nebel auflöst. Wenn es geschieht – handle tapfer.

Du kannst nicht immer wählen

Du kannst deinen Pfad nicht immer selbst wählen. Warte, bis der Meister dir Seine Anweisungen gibt. Doch oftmals bist du ungeduldig. Du verlangst und erwartest, daß sofort etwas geschieht, statt daß du deinem himmlischen Vater und Seinen Boten vertraust. Habe Vertrauen in diejenigen, in deren Obhut ER dich gab. Sie helfen dir und führen dich auf allen deinen Wegen.

Sei still

Habe Vertrauen in jene himmlische Liebe, welche dich umschlungen hält. Du brauchst nichts zu fürchten. Wenn du nicht weißt, welchen Weg du einschlagen sollst, dann bleibe stehen. Sei still und ruhig und du wirst sehen, wie wunderbar sich die Umstände fügen. So viel Durcheinander entsteht, wenn du etwas vorantreiben willst. Du kommst nur in Verwirrung und mußt wieder von vorne anfangen. Sei daher ruhig und vertraue auf Gott.

Warte auf Führung

Alles ereignet sich im richtigen Moment – zur von Gott gutgeheißenen Zeit. Ihr auf Erden kennt diese Zeit nicht immer. Doch wenn ihr euch der geistigen Führung anvertrauen und geduldig auf ein klares Zeichen zum Handeln warten wolltet, dann werdet ihr richtig geführt.

Dein Wille geschehe

Statt deinen eigenen Weg zu fordern, sei bereit, in Demut nachzugeben, und sage: »Lieber Gott, zeige mir Deinen Weg. Ich vertraue Dir. Führe mich nach Deinem Willen, denn Du allein bist weise, und Deine Liebe übersteigt mein weltliches Verstehen.« Dann wird dein Weg offenbar werden.

Gott kann Probleme lösen

Manchmal wirst du vor ein Problem gestellt, das durch den menschlichen Verstand oder durch irgendwelche materielle Mittel unlösbar erscheint. Dann überlasse dich Gott in echter Demut. Übergib die Lösung des Problems Gott. Wisse, wo Menschen fehlen, versagt die Macht Gottes nie.

... ist ein Hort von Kraft und Licht

Der Sieger

Der Mensch ist Geist – und der Geist triumphiert über die Materie. Das ist alles, was der Mensch wissen muß.

Wirf deine Fesseln ab

Gott, der Große Reine Geist, der Quell allen Lebens, wird nicht zögern, dich aufzurichten, wenn du IHN dich aufrichten läßt. Du hältst dich ja selbst in Ketten gefangen. Wirf die Fesseln der irdischen Finsternis ab und begreife, wer du in Wirklichkeit bist, ein Sohn, eine Tochter des strahlend goldenen Lichtes der Sonne.

Erhebe dich zur Sonne

Wie schwierig dein Pfad auch sein mag, mein Freund, strebe täglich nach der Herrlichkeit des göttlichen Lebens. Schwinge dich empor zu dem, was die Welt die Vorstellungskraft nennt. Erhebe dich in das herrliche Licht der geistigen Sonne und wisse, daß dieses Licht die schöpferische Kraft ist, welche durch dich fließt, jegliche Krankheit aus deinem Körper entfernt und krumme Wege ebnet.

Lichtträger

Du bist ein Lichtträger. Sei wie die göttliche Mutter, trage in dir das Licht des SOHNES. Trage dieses Licht in die Welt hinaus, damit es segne, heile und die Schwingung der Erde erhöhe.

Dein höheres Selbst

Wenn im Herzen der Wille, Christus ähnlich zu werden, stark genug ist, dann entsteht in deinem Bewußtsein eine Pforte, durch welche das höhere Selbst in den physischen Leib hinuntersteigt. Du denkst, dein physischer Leib, das seiest du. Dabei ist er nur ein winziger Teil von dir. Wenn du mit deinem höheren Selbst in Kontakt kommen willst, dann gehe an einen stillen Ort, um mit deinem Schöpfer im Herzen zu reden. Dann wird dein Bewußtsein erhöht. Das Licht, zu dem du dich erhebst, ist der Gottesmensch, deine eigene Göttlichkeit, das wahre Du, dein höheres Selbst. Indem du diesem göttlichen Selbst dein Bewußtsein öffnest, werden deine Schwingungen erhöht und dein Körper gereinigt.

Die magische Gegenwart

Christus in dir ist König. Jedes Atom, jede Zelle deines Körpers ist der göttlichen Macht und Herrlichkeit unterworfen. Sei dir der göttlichen, magischen Gegenwart in dir bewußt. Das Licht überwindet alle Dunkelheit.

Blicke auf zum Stern

Wenn du im Schatten weilst, dann denke daran aufzublicken, um dir den strahlenden Stern in den geistigen Sphären vorzustellen. Fühle seine Kraft, seinen Glanz und seinen Einfluß in deinem Herzen. Schreite vertrauensvoll voran, im Bewußtsein, daß das Licht dieses Sterns auf dich scheint.

Sei ein Kind des Lichtes

Du bist Geist. Du bist unsterblich. Du bist ein strahlendes Wesen, ein Kind Gottes. Lebe in diesem Geist und gestatte nicht, daß irgend etwas dich binde oder begrenze.

Über den Wolken

Es ist leicht, vergnügt zu sein, wenn Grund zum Vergnügen geboten ist. Doch es ist weniger leicht, wenn die Erde in Dunkelheit gehüllt ist. In solchen Zeiten kommen eure Prüfungen. Es ist leicht, nett zu sein, wenn jedermann nett ist, leicht, liebenswert zu sein, wenn andere liebenswert sind. Hierin aber liegt wenig Verdienst. Der weise Bruder weiß, daß im Himmel die Lichter brennen, selbst wenn die Schatten dicht sind. Erkenne, wenn du dein Bewußtsein über die Wolken erhebst, daß dort die Sonne scheint und daß das Leben in Christus das einzig dauerhafte Leben ist.

Die Menschen schauen auf dich

Laß dich weder von den Annehmlichkeiten des Materialismus verführen noch von den Sorgen und Nöten deines Karmas beeindrucken. Habe Mut, denn so viele verlassen sich auf dich, auf deine Gedanken und Ansichten. Sie schauen auf dich und fühlen unbewußt ein Licht in dir. Sie wissen, daß du etwas hast, das gut und hilfreich ist. Laß das Licht in deinem Herzen und in deinem Verstand scheinen, und sei dir des großen Vorrechtes bewußt, daß du helfen darfst, deinen Beitrag zu leisten, wenn es gilt, die Menschheit zum Licht emporzuführen.

Das Licht aussenden

Was verstehen wir unter dem Begriff »Licht aussenden«? Sende die Liebe, die du im Herzen fühlst, in die Welt, und sie strahlt in Form von Licht aus dir. Könntest du dich selbst sehen, wenn du wirklich Licht aussendest, du würdest eine große Strahlung von deinem Herzen, in vielen Fällen von deinem Kopf, ausstrahlen sehen. Deine Aura würde leuchten. Du würdest beobachten, wie das Licht von dir strömt und sowohl das Herz wie den Verstand, ja sogar das physische Leben deines Nächsten berührt.

Der Schutz Gottes

Wenn du ernsthaft Gedanken der Liebe aussendest, wirst du von Licht umgeben. Wie du gibst – so empfängst du. Das Licht, das du aus deinem Herzen sendest, zerstreut das falsche, materielle Denken des anderen und errichtet gleichzeitig einen Schutzschild um dich. Das ist es, was man unter dem Ausdruck: »Umhülle dich mit dem Schutz Gottes« versteht.

Gott ist gnädig

Das Karma des einzelnen kann durch die Macht des Christusgeistes umgewandelt werden. Wir hören so oft die Worte: »Oh, es ist eben mein Karma, ich muß es hinnehmen.« Es ist richtig, daß ihr das göttliche Gesetz annehmen müßt. Doch dieses Gesetz ist gnädig, denn die Liebe Christi, die in eurem Herzen heranwächst, kann eure Seele von karmischen Bindungen lösen.

Heilung aus der Sonne

Prinzipiell ist jeder Heilvorgang ein Hineinnehmen des Lichtes der geistigen Sonne in den physischen Leib. Wenn du dieses Licht anrufen kannst – dann atme es ein, und lebe bewußt in ihm, denn es wird tatsächlich die Zellen deines physischen Körpers beeinflussen. So schwer ist der Körper, so stark das materielle Leben, daß du vergißt, die Macht Gottes anzurufen, um Gewebe und Zellen deines Körpers neu zu erschaffen.

Wenn sich Schatten um dich drängen

Als Diener Christi darf es dir nie an Mut mangeln. Mutlosigkeit ist eine Versuchung, denn die Schatten bedrängen und verführen dich, dein Vertrauen zu verlieren, zu ermüden und zu sagen: »Ich bin nichts wert.« Sie flüstern dir zu, du habest einen, wie du es nennst, Minderwertigkeitskomplex. Zweifle niemals, daß die Macht Gottes durch dich wirken kann. Dich selbst als minderwertig zu betrachten hieße, an Gottes Macht zu zweifeln.

Erwarte das Beste

Verzweifle nicht. Verharre nicht bei der negativen Betrachtung irgendeiner Situation, denn es hilft dir nichts. Setze stets aufbauende Kräfte in Bewegung. Glaube, daß das Gute kommen wird, daß das Beste naht – und es kommt. Wir werden dich nie im Stich lassen. Auch wir sind Gottes Kinder und außerdem Seine Boten. Wir lassen dich niemals im Stich, mein Bruder.

Der Odem des Lebens

Entspanne Körper und Gemüt und atme tief und langsam. Während du einatmest, stelle dir vor, wie jeder Teil deines Wesens von Gottes Odem erfüllt wird. In dem Maße, wie die Liebe Gottes Herz und Gemüt durchströmt, wird jede Zelle und jedes Atom deines Wesens mit vollkommenem Leben erfüllt.

Die einzige Realität

Sei glücklich, sei erfüllt von Freude und blicke vorwärts ins Licht. Lebe und bewege dich in diesem goldenen, ewig strahlenden Licht und wisse, daß dich nichts verletzen kann. Die einzige Realität ist Licht, ist Gott, ist Liebe.

… verzeiht alles

Selig sind die Sanftmütigen

Glaube an Gott und habe Vertrauen. Wenn du weißt, daß du rebellisch warst, bitte demütig um Vergebung – dann sei freundlich und liebenswürdig. Des Menschen einzige freie Wahl ist nicht, ob er hierhin oder dorthin gehen soll, sondern ob er entweder seine Erfahrungen in Liebe und Demut annehmen wird, oder ob er sie rebellisch, ärgerlich und mit heftigen Gefühlsausbrüchen ablehnt. Bemühe dich, zur Christusreife heranzuwachsen.

Wie man Karma umwandeln kann

Wir kommen, um euch zu helfen. Eine Hoffnung, ein Gedanke, ein Gebet von euch – und wir sind da. Den freien Willen aber können wir euch nicht nehmen und dürfen euch auch nicht der Erfahrung berauben. Wir können euch nicht von der karmischen Schuld befreien. Ihr müßt die Schuld, die ihr verursacht habt, begleichen und euch willig der unendlichen Liebe Gottes hingeben. Wir dürfen euch versichern, daß dann euer Karma durch die Liebe Christi gemildert werden kann. Ihr könnt eure Lektionen frohgemut erlernen. Das ist die Art und Weise, wie man sein Karma umwandelt. Sobald ihr eure Lektionen gelernt habt, wird das Karma hinfällig und existiert nicht mehr.

In Zeiten von Spannung und Schwierigkeit

Möge es dich in Zeiten von Spannung und Schwierigkeiten trösten, wenn wir dir sagen, wie sehr es sich lohnt, alles, was du erleidest und erduldest, und die Selbstdisziplin, die du dir auferlegst, zu ertragen. Es ist nicht umsonst, denn es trägt dich vorwärts und aufwärts in das herrliche, glückliche und vollkommene Leben.

Gehe hoffnungsvoll und mutig voran, wissend, daß du durch dein vergangenes Karma in die heutige Lage gekommen bist. Die Gelegenheiten, die dir jetzt geboten werden, solltest du dankbar entgegennehmen. Warte stets auf Gott, und der Weg wird dir in deinem Innersten gezeigt werden. Wir sind bei dir und wachen über dich. Wir sind eine große Bruderschaft – alle in einem und einer in allen.

Sei geduldig, habe Glauben

Wir kennen die Sorgen und Schwierigkeiten des materiellen Lebens, mein Freund, eines Lebens, das in einem physischen Körper verbracht wird, dem heute noch die Schönheiten von Gottes herrlichen Welten verborgen sind. Wir wissen, wie schwer es ist, dem schattigen Pfad zu folgen. Du wanderst in der Dunkelheit, um die Umweltbedingungen, in denen du dich befindest, hinzunehmen. Vertraue aber trotzdem der Liebe Gottes. Wir wissen, daß es nicht leicht ist. Doch habe Geduld und Glauben und zweifle nicht, daß alles zum Guten ineinanderwirkt. Zweifle nie an der Macht, der Weisheit und der Liebe Gottes.

Das Gesetz ist vollkommen, gerecht und wahr

Versuche nicht, dein sogenanntes Recht zu erkämpfen. Wisse, daß Gott die Dinge nach einem genauen Plan regelt – und Friede wird in dein Herz einkehren. Sei nicht aufgeregt, wenn die Dinge schwierig werden – sondern sei ruhig.

Nimm in Liebe an

Wir empfehlen dir, nicht nur deinen Nächsten zu lieben, sondern auch die Umstände deines Lebens. Trage keinen Groll in dir. Nichts geschieht außerhalb der göttlichen Ordnung oder zufällig. Das göttliche Gesetz bringt diejenigen Umstände in dein Leben, die du benötigst, um heranzureifen. Nimm daher alles, was geschieht, in Liebe an. Halte Ausschau nach dem, was du aus deinen Erfahrungen erlernen kannst. Schaue täglich, ja stündlich auf Gott und lasse dich mit göttlichem Licht und göttlicher Liebe erfüllen. Es strömt wie goldene Strahlen in dein Herz- und Kopf-Zentrum, reinigt, heilt und hebt dich empor, gibt dir seelisches Gleichgewicht und Selbstkontrolle.

Sei weitblickend

So vieles in den zwischenmenschlichen Beziehungen kannst du nicht verstehen. Oft mußt du das, was dir ungerecht erscheint, erdulden.

Doch diejenigen in der geistigen Welt, die größeren Überblick haben, werden dir versichern, daß alle krummen Wege geebnet und alle Ungerechtigkeiten ausgeglichen werden.

Anweisungen von Gott

Sei nicht entmutigt. Lerne, von nichts und von niemandem enttäuscht zu sein. Du bist enttäuscht, weil dein Wille und deine Wünsche unerfüllt geblieben sind. Lerne, dich dem göttlichen Willen unterzuordnen, denn Sein Wille ist allweise. Warte daher auf die Anweisungen von Gott, indem du lernst, den Pfad weise und gelassen zu wandeln.

Hingabe

Für das niedere Selbst ist es nur allzu verständlich, wenn es Schmerz und Leid scheut. Kannst du dich aber Gott derart hingeben, daß dabei dein Herz in Liebe überfließt, dann kannst du wahre Fortschritte machen und wirst von tiefem Frieden erfüllt, der mehr ist, als die Welt dir bieten kann.

Gott irrt sich nicht

Gott läßt Seine Kinder nie im Stich. Suche nicht nach Dingen, die deinen Wünschen entsprechen, oder nach Umständen, die deinem irdischen Willen angepaßt sind. Habe vielmehr Vertrauen, daß Gott dich auf den Pfad führt, der letztendlich dein Glück bedeutet.

Wenn du bereit bist

Lerne, dich dem Willen Gottes zu beugen, und sei dir bewußt – alles hat seine von Gott festgesetzte Zeit. Gott ist unendlich viel weiser als Seine Kinder, und Sein Plan ist vollkommen. Sinn und Zweck deines Lebens ist geistiges Wachstum und Entfaltung. Wenn du bereit bist, wird dir das, was für dich vorgesehen wurde, zu Füßen gelegt.

Warte geduldig

Sei ruhig, mein Bruder, sei still und warte auf das Zeichen, das dir den Weg weist. Du kannst nicht fehlgehen, wenn du dies tust. Solltest du aber blindlings vorwärts stürmen, könntest du gegen ein scharfes Hindernis stoßen, das dir Schmerz bereitet. Das ist die Ursache menschlichen Leidens. Bis der Mensch gelernt hat, geduldig auf den Herrn zu warten, wird er leiden.

Gott wird etwas Schöneres bringen

Wenn du gezwungen bist, etwas aufzugeben, wenn Gott dir gewisse Dinge entzieht, dann ist es, weil du verzichten lernen mußt. Wisse im

Innersten, daß ER in Seiner großen Liebe etwas Schöneres in dein Leben bringen will.

Dein Wille, Herr

Gott hält den Plan in Seiner Hand, mein Freund, immer ist es Gott, der den Plan hält – nicht du. Wenn es Dinge gibt, die nicht nach deinem Kopf gehen, lehne dich nicht auf, sondern füge dich. Das heißt nicht, du sollst deine Verantwortung vernachlässigen. Es heißt vielmehr, wenn du dein möglichstes getan hast, darfst du das übrige in Gottes Hände legen. Ziehe deine Hände zurück und überlasse es Seinem Willen, den Rest zu tun.

Richtiges Beten

Gewöhnlich bitten die Menschen Gott um das, was sie selbst wollen. Lieber Gott, gib, gib, gib! Gib mir Gesundheit, Glück und das, was ich zum Leben brauche. Gib mir alles, was ich haben möchte, lieber Gott, und dann will ich tun, was Du willst. Wieviel besser wäre es zu beten: Lieber Gott, ich gebe mich ganz Dir. Tue mit mir nach Deinem Willen.

Wohl getan, kleiner Bruder

Schmerz und Leid kommen so oft zu dir, weil du dich an etwas klammerst, das offensichtlich nicht mehr sein soll. Zeigst du aber, daß du zu verzichten bereit bist, bekommst du neue Gelegenheiten und größeren Segen. Man könnte sagen, des Meisters Hände ruhen dann auf des Schülers Haupt, indem er sagt: Wohl getan, kleiner Bruder.

Freue dich über dein Karma

Karma, mein Freund, bedeutet ungelernte Lektionen. Solche Lektionen mußt du mit ruhigem Gemüt annehmen. Freue dich über dein Karma. Danke Gott für die Gelegenheiten, die sich dir bieten, jene Lektionen zu lernen und dein Karma abzutragen. Es sind Stufen, auf welchen du in den Großen Weißen Tempel gelangst.

Du sehnst dich nach Licht

Du bittest ernsthaft darum, daß deine Probleme von dir genommen werden, denn du sehnst dich nach Licht und Seligkeit. Kannst du nicht erkennen, daß es der Disziplin in deinen äußeren Umständen bedarf, um dir die Augen zu öffnen und dein Gefühl für himmlische Dinge zu wecken? Du kannst weder fühlen noch sehen, bevor du durch dieses Disziplintraining hindurchgegangen bist. Deshalb danke Gott für die Prüfungen und das Herzeleid, die deine Seele in der Disziplin schulen, bis sie fähig wird, die

Schönheit des himmlischen Lebens zu verstehen und aufzunehmen.

Verzicht

Die starke Seele, in welcher die Flamme hell brennt, wird jeglichen Verzicht ruhig, freudig und mit philosophischer Gelassenheit hinnehmen. Sie weiß, daß das, was sie verliert, seinen Zweck erfüllt hat und daß nun etwas Besseres auf sie wartet. Sie kann nicht wissen, ob dieses Bessere auf der materiellen oder auf der geistigen Ebene liegt. Lerne, dein Kreuz mit Ruhe zu tragen, wissend, daß aus der Asche der Vergangenheit neues Leben geboren wird.

... ist geduldig und vertraut Gottes weisem Plan

Sei bereit

Sei jederzeit bereit, den Willen Gottes anzunehmen und den Weg zu gehen, den ER dir zeigt. Du weißt, daß es keinen anderen Weg für dich gibt. So folge ihm und vertraue dem großen, herrlichen Geist.

Lege das übrige in Gottes Hand

Gottes Gesetz arbeitet fehlerlos. Hast du dein Bestes getan, übergib das übrige Seiner Gnade, Weisheit und Liebe. Denke nie, daß *du* es bist, der weiß, was für dich gut ist. Gott allein weiß es und ER gibt dir das, was du benötigst. Sei demütig, sei geduldig und vertraue!

Überlasse Gott die Auswirkung

Denke dir das Leben als ein großes Ganzes. Der Begriff des Unendlichen geht über dein Vorstellungsvermögen, doch die nachstehende einfache Tatsache kannst du verstehen: Ein Gebet, ein Gedanke, ein uneigennütziger Wunsch an die Himmlischen ist nie verloren. Im gleichen Augenblick, in welchem du diesen Kontakt durch Gebet oder Meditation herstellst, kommen Engel, um dir zu helfen, deinen guten Vorsatz auszuführen. So wird dein Gebet erhört. Es mag sein, daß es nicht so erhört wird, wie du es dir gewünscht hast, möglicherweise aber besser, als du ahnst, wenn du die Auswirkung deines Gebetes Gott und Seinen Engeln überläßt.

Die von Gott bestimmte Stunde

Alles geschieht zur rechten Zeit, zu der von Gott bestimmten Stunde. Ihr auf Erden kennt nicht immer diese Stunde. Doch wer der Stimme des Geistes folgt und geduldig auf ein klares Signal zum Handeln wartet, der wird richtig geführt werden.

Lebe gelassen in Gott

Geduldig sein bedeutet, Vertrauen in Gott zu haben und die Gewißheit zu besitzen, daß ER für dich sorgt. Gott, der große Reine Geist, ist um dich und in dir und arbeitet für deine Seele einen weisen, herrlichen Plan aus. Lebe nicht in dem Gefühl, du müßtest möglichst rasch an ein bestimmtes Ziel gelangen. Lebe vielmehr gelassen jede Stunde, jeden Tag in der schützenden Liebe Gottes. Nimm die Stunden, wie sie kommen, und tue eines nach dem anderen still und ruhig.

Das Wirken Gottes

Alles ist eine Frage der Unterordnung und der Hingabe, wie man sein Leben ruhig und gelassen hinnimmt. Das soll nicht der Trägheit Vorschub leisten. Es bedeutet vielmehr Anstrengung im richtigen Sinn, nämlich unermüdliche Anstrengung, damit das Christuslicht des Menschen Fühlen, Denken und Handeln beherrsche. Es bedeutet auch, zur Seite zu treten und zu sagen: »Nur Gott ist groß. Ich bin nichts. Alles Gute, was in meinem Leben erreicht wurde, ist das Werk Gottes.«

Verborgener Segen

Hinter jedem dunklen Geschehen, hinter jeder Schwierigkeit liegt ein verborgener Segen. Der Mensch muß Glauben und Vertrauen in Gott entwickeln. Er soll wissen, daß im rechten Moment, zu der von Gott bestimmten Stunde, das Wunder geschehen wird, das Dunkel von ihm weicht und der strahlende Engel auf ihn wartet. Hinter allem steht die Herrlichkeit des göttlichen Lebens – die göttliche Magie, welche jegliches Geschehen im Leben durchstrahlt.

Folgt dem Licht in eurem Herzen

Glaubt nicht, daß wir eure Enttäuschungen, Schwierigkeiten und Ängste, die euch peinigen, nicht kennen. Wir wissen, daß ihr Prüfungen bestehen müßt. Wir wissen, daß eure Körper nicht immer so widerstandsfähig und vollkommen sind, wie sie sein könnten. Wir wissen auch, daß die Umweltbedingungen in eurem Leben verdrießlich sein können. Sind wir doch so sehr mit euch verbunden, meine Freunde, daß wir eure Gefühle spüren. Wir kennen eure Probleme und Schwierigkeiten, doch wir versichern jedem einzelnen von euch, daß, wenn ihr dem Licht in eurem Herzen treulich folgt, alles gut sein wird.

Kein Spatz fällt vom Dach

Fürchtest du dich vor Armut? Hast du Angst, die Notwendigkeiten des Lebens entbehren zu müssen? Wer kleidet und nährt dich, mein Freund? Niemand anders als Gott. ER wird dich nie im Stich lassen, sofern du dich Seinem Leben einordnest und dich Seiner Liebe und Weisheit anvertraust. ER kennt deine Bedürfnisse und gibt dir, was du brauchst, von Seinem Vorrat. Du aber hast dich von Seiner Vorratskammer abgewandt, weil du vergessen hast, daß ER allein die Quelle deines geistigen, seelischen und materiellen Lebens ist.

Alles wirkt zusammen zum Guten

Nicht alles kommt so, wie du es geplant hast. Halte dir aber stets vor Augen, daß Gottes Weg der richtige ist. Alle Dinge wirken ineinander zum Guten für den Menschen, der Gott liebt. Das muß so sein, denn er steht in Einklang mit Gott, und dann ist alles gut.

Suche zuerst das Himmelreich

Habe weder Furcht noch Sorge. Lege dein Leben und all deine Tätigkeit in die Hand Gottes. Suche zuerst das Königreich des Himmels. Suche den Abendmahltisch und stärke dich im Herzen für das, was vor dir liegt. Wenn du Gott vertraust, fließt Seine Liebe in dein ganzes Wesen und in all deine Pläne – und Friede zieht ein in dein Herz.

Gottes Weisheit

Zurückblickend, wenn man sieht, wie gut sich alles entwickelt hat, ist es leicht zu sagen: »Wie konnte ich nur zweifeln?« Solange aber noch alles im Fluß ist, mußt du dein Vertrauen der göttlichen Weisheit, die dein Leben lenkt, entgegenbringen. Wenn du alle Erfahrungen gemacht und die Früchte gekostet hast, die auf dem Tische Gottes ausgebreitet liegen, erkennst du, daß nichts hätte geändert werden dürfen. Hättest du andererseits deinen Willen durchgesetzt, wären Chaos und Leiden entstanden. Gott aber in Seinem Erbarmen schützt dich.

Wir verstehen euch

Wir kennen und verstehen die Nöte und Schmerzen eures sterblichen Lebens. Weil wir euch verstehen, bitten wir euch, danach zu streben, euren Willen und eure Wünsche dem Willen Gottes unterzuordnen, wohl wissend, daß im Leben des Menschen nichts zufällig geschieht. Alle Begebenheiten folgen einem bestimmten geistigen Gesetz. Weil ihr den Weg, den ihr gehen müßt, nicht weit genug überblicken könnt, werdet ihr von Furcht und Bangigkeit übermannt. Gott kennt eure Bedürfnisse und Seine Engel sind unaufhörlich in der Erdensphäre tätig, die Menschheit zu segnen und emporzuheben. Alles, was sie für eine Zusammenarbeit brauchen, ist die Liebe des Menschen.

Fürchte nie

Fürchte nie den Weg, der vor dir liegt. Wie Gott dein ganzes Leben lang über dich wachte und dich trotz deiner Ängste durch alle Nöte und Prüfungen deines Lebens brachte, so wird ER dich auch durch die größte Dunkelheit ins Licht führen.

Die Lösung

Wir können so zuversichtlich über die Lösung aller menschlichen Probleme reden, weil wir wissen, daß ein göttliches Gesetz alles Leben regiert. Dieses Gesetz ist vollkommen in seinen Auswirkungen. Sein Sinn und Zweck ist es, alle Menschen, ja die ganze menschliche Familie ins Gott-Bewußtsein zu erheben. Blickt nicht zurück, es sei denn, um zu sagen: Wie schön ist doch der Pfad, den ich gehen durfte. Trauert nicht der Vergangenheit nach. Ihr schreitet auf diesem Pfad voran, um erneut das Glück zu finden – und diesmal ein größeres Glück.

Sei dankbar

Konzentriere dein Leben auf das Leben und die Herrlichkeit Christi und du wirst dich nie mehr vor irgend etwas fürchten. Sei dankbar, denn auch die Dankbarkeit vertreibt die Furcht aus deinem Herzen. Sei dankbar und sei dir bewußt, daß der VATER im Himmel weiß, was du brauchst, und alles, was du brauchst, fließt dir zu.

Glück

Glück ist das Gott-Bewußtsein im Herzen. Glück ist das Resultat von Ehrerbietung, Danksagung, Glaube und Hinnahme, ist die ruhige, stille Verwirklichung der Liebe Gottes. Das bringt der Seele vollkommenes und unbeschreiblich großes Glück.

Gott ist Glückseligkeit

QUELLENVERZEICHNIS

Der vorliegenden Auswahl liegen Textpassagen aus verschiedenen Werken von White Eagle zugrunde:

Seite 15–36: »Der geistige Pfad«, Kap. I und VII
Seite 57–76: »Das große White Eagle Heilungsbuch«, Kap. II, III und IV
Seite 89–104: »Der geistige Pfad«, Kap. IX
Seite 107–126: »Weisheit von White Eagle«, Kap. I und IX
Seite 127–158: »Naturgeister und Engel«, Kap. I, II und VII
Seite 159–176: »Unser geistiger Bruder spricht«, Kap. III
Seite 177–199: »Wunder des Lichts«, Kap. III und IV
Seite 200–218: »Das Leben jenseits der Todespforte«, Kap. III und IV
Seite 219–253: »In der Stille liegt die Kraft«, Kap. V, VI und VII

Alle Werke sind im Aquamarin Verlag, D-85567 Grafing, erschienen.

ADRESSEN

White Eagle Centre
Deutschland
Bahnhofsplatz 4
D-82110 Germering
Tel.: 089 / 8 41 77 90

White Eagle Centre
Schweiz
Pestalozzistr. 7
CH-3400 Burgdorf
Tel.: 034 / 23 24 44

Hauptsitz:
The White Eagle Lodge New Lands
Liss, Hampshire, GU 33 7 HY
England

SPIRITUELLE WEGE

Band 1
TAO
(86051)

Band 2
DIE BOTSCHAFT JESU
(86056)

Band 3
I GING
(86053)

Band 4
Rumi
OFFENES GEHEIMNIS
(86064)

Band 5
CHASSIDISCHE WEISHEIT
(86073)

Band 6
DER WEG EINES PILGERS
(86057)

Band 7
Paramahansa Yogananda
DAS WISSEN DER MEISTER
(86071)

Band 8
Swami Prabhavananda
DIE BERGPREDIGT IM LICHTE DES VEDANTA
(86067)

Band 9
WHITE EAGLE
Lesebuch
(86072)

Band 10
Joachim Pongratz
QI-GONG IM ALLTAG
(86075)